COFIO DAN A MAIR

Cofio Dan a Mair

Golygydd

Gwen Edwards

Gwasg Carreg Gwalch

Argraffiad cyntaf: 2022
Hawlfraint: yr awduron/Gwasg Carreg Gwalch
Golygydd: Gwen Edwards

Cedwir pob hawl.
Ni chaniateir atgynhyrchu unrhyw ran o'r cyhoeddiad hwn,
na'i gadw mewn cyfundrefn adferadwy, na'i drosglwyddo
mewn unrhyw ddull na thrwy unrhyw gyfrwng, electronig, electrostatig,
tâp magnetig, mecanyddol, ffotogopïo, recordio, nac fel arall,
heb ganiatâd ymlaen llaw gan y cyhoeddwyr, Gwasg Carreg Gwalch,
12 Iard yr Orsaf, Llanrwst, Dyffryn Conwy, Cymru LL26 0EH.

ISBN elyfr: 978-1-84524-477-4
ISBN clawr meddal: 978-1-84527-888-5

Cyhoeddwyd gyda chymorth Cyngor Llyfrau Cymru

Dylunio'r clawr: Eleri Owen

Cyhoeddwyd gan Wasg Carreg Gwalch,
12 Iard yr Orsaf, Llanrwst, Dyffryn Conwy, Cymru LL26 0EH.
Ffôn: 01492 642031
e-bost: llyfrau@carreg-gwalch.cymru
lle ar y we: www.carreg-gwalch.cymru

Argraffwyd a chyhoeddwyd yng Nghymru

*Carwn ddiolch i'r cyfrannwyr i gyd am eu parodrwydd i
adael i mi gynnwys eu gwaith.*

*Diolch hefyd i Myrddin ac Eirian yng Ngwasg Carreg Gwalch
am eu cefnogaeth a'u hamynedd.*

Cynnwys

Cyflwyniad R.Alun Evans	8
Teyrnged Dan Gwen Edwards	11
Cofio Mair Gwen Edwards	24
Anti Mair Rhian Dafydd	33
'Watsia Di Dy Glocs!'	
Mererid, Euros, Iolo, Ffuon, Guto	42
Atgofion Sion Pennant	50
Hynaws Arwrol Ewythr Gareth Pierce	56
Atgofion Teuluol Joyce, Huw, Sian, Siwan	68
Atgofion Pwyllgor y Gymdeithas Cerdd Dant	
Elin Angharad Davies, Menai Williams,	
Iwan Morgan, Delyth V Rowlands	75
Drama Penri Jones	80
Dan Arfon Williams	88
Merched y Wawr Tegwen Morris	93
Argymhellion Gwenno Puw Rowlands	96
Mair Penri Lloyd Davies	99
Atgofion Meibion Llywarch Huw Antur	101
Ymgomio'n Llwyddiannus Ceredig Puw	110
Straeon Dan, Gŵr Tŷ Myrddin ap Dafydd	112
Holi Mair Penri Y Wawr	119
Atgofion Martha Puw	121

Seren Caoimhe Melangell	122
Dan Styllen Myrddin ap Dafydd	123
Mair Arwyn Groe	126
Teyrngedau Beirdd i Dan – Amrywiol	127
Mair Penri Emrys Roberts ac R.O.Hughes	130
Dan yr Ymrysonwr	133
Detholiad o 'Pwt o Sgafnder'	
o waith Mair o'r 'Wawr'	137
To Uwchben y Gweinidog	
erthygl Dan i Pethe Penllyn	139
Ymson Ruth Mair Penri	144
Y Dyn Gwyllt Dan Puw	147
Monolog Bethan Mary Mair Penri	150
Diolch ac Ati Dan Puw	152
Sgets Trip Llundain Mair Penri	156
Dyn y Cerrig Dan Puw	160
Gwragedd Ffarmwrs Mair Penri	163
Tyddynnod Parc Dan Puw	165

Cyflwyniad

R. ALUN EVANS

Teclyn simsan yw *safety pin* – pin cau, pin dwbl. Mwy simsan fyth oedd y pin a ddaliai fathodyn Llywydd Llys yr Eisteddfod. A dyma gyfaddefiad. Un o'r pethau cyntaf a wnes i, o'r herwydd, oedd colli'r bathodyn hwnnw. Ym Meifod 2003 y digwyddodd y drychineb. Bu'r fedal ar goll am ddwyawr. Fu erioed ddwyawr debycach i dragwyddoldeb. Minnau'n gwingo o gywilydd; colli'r bathodyn a wisgwyd gan fawrion yr Eisteddfod. Yr Athro W. J. Gruffydd oedd y cyntaf i'w wisgo. Yna, Syr T. H. Parry-Williams, Cynan . . . Ond fe ddaeth i'r fei, rhwng ymyl sêt y car a botwm y brêc.

Bathodyn arall a wisgwn i, bathodyn Arweinydd Llwyfan, pan ymgymerais gyntaf â'r ddyletswydd bleserus o lywio seremoni cyflwyno Medal Goffa Syr T. H. Parry-Williams a hynny yn Eisteddfod Bro Dinefwr yn 1996, union ugain mlynedd wedi i'r Fedal gael ei chyflwyno am y tro cyntaf.

Trwy haelioni'r Fonesig Amy Parry-Williams, sefydlwyd cronfa i goffáu cyfraniad gwerthfawr Syr Thomas i weithgareddau'r Eisteddfod Genedlaethol. Ar wyneb y fedal arian mae llun o ben Syr Thomas, gyda'r geiriau "Medal Syr T. H. Parry-Williams – Er Clod". Ar y cefn gwelir "Yr Wyddfa a'i chriw" o Dŷ'r Ysgol, Rhyd-ddu, gyda'r geiriau "Diolch am destun diolch."

Pwrpas y fedal yw "cydnabod ac anrhydeddu gwasanaeth gwirfoddol a nodedig dros nifer helaeth o flynyddoedd i feithrin a hybu'r iaith a'r diwylliant Cymraeg ymhlith pobl ifanc mewn ardal neu gymdogaeth trwy gyfrwng gweithgareddau sy'n hyrwyddo dibenion yr Eisteddfod Genedlaethol."

Cefais y fraint o fod yn Feistr y Ddefod er 2003 (lwcus i mi ffeindio'r bathodyn!) a gwybod am y pleser o gyflwyno deunaw o enillwyr i'r dorf yn y pafiliwn, yn eu plith Mair Penri Jones (2008) yng Nghaerdydd a Dan Puw (2017) ym Modedern.

Mair Penri yn derbyn Medal Syr T.H.Parry Williams, Eisteddfod Caerdydd

Gan fod enw'r enillydd wedi ei gyhoeddi ar ôl cyfarfod y gwanwyn o Gyngor yr Eisteddfod nid yno y gorwedd y gyfrinach. Yn hytrach, cadw'r enillydd rhag gwybod pwy yn union fydd yn cymryd rhan yn y seremoni yw'r gamp. Rhaid canmol pobl y Parc o bob oed, ar y ddau achlysur, am lwyddo i gadw cyfrinachau.

Achlysur chwerw-felys ar un olwg oedd anrhydeddu Dan. A fyddai o'n gallu bod yn bresennol oedd y gofid ag yntau wedi bod yn yr ysbyty hyd at ddiwrnod neu ddau cyn y seremoni. A fyddai'r cyfan yn ormod o dreth arno? Rhyddhad oedd ei weld yn llywio'r sgwter tua'r llwyfan a'r wên ddireidus ar ei wyneb yn lledu fel y deuai cyfeillion i dalu teyrngedau iddo ar lafar ac ar gân.

Roedd direidi hefyd yn pefrio yn llygaid Mair. Minnau'n tynnu ei choes, gan chwarae rhan y di-ddeall. Ac fel hithau, yn un o blant Sir Drefaldwyn :

Sgen y ddynes ma enw, mwn i. "Oes, Mair ... ti'n nabod Mair." Mair be? Sgenti hi snêm. "Mair Penri" medde nhw wedyn. Sud dech chi Misus Penri, mwn i; ffor mae John? Drychodd y lodes yn ddwl bost arna i.

Sbonio nhw i mi wedyn mai Penri ydi enw'r gŵr. A chan nad

ydio'n cael llawer o gyfle i ddeud dim byd adre achos bod 'i wraig o yn un mor ffraeth mae o'n mynd ffwr' i Ostrelia efo Côr Godre'r Aran bob rhyw dair blynedd er mwyn cael ei big i mewn. Be 'di drecshwn y lodes 'ma? "Mae'n byw yn Y Parc" medde nhw wedyn. Yn y parc! Sgenti hi dŷ neu 'di'n byw mewn tent yn y parc ma? "Mae'n byw mewn tŷ", medde nhw, "ond tydi hi byth adre."

Bu teilyngdod am y fedal bob blwyddyn yn ddi-dor. Mair a Dan; dau cwbl deilwng. Ie, diolch am destun diolch.

Teyrnged Dan
(1934-2019)

GWEN EDWARDS

Roedd tywydd dechrau Gorffennaf 1934 yn boeth iawn mae'n debyg, ac ar y chweched dydd o'r mis hwnnw, fe aned mab i William a Gwen Puw Castell Hen, yn frawd bach i

Dan Puw 1937

Beti a Linor, a'i alw'n Daniel Maredudd. Barn Catrin Roberts, un o wragedd ffraeth y pentref ar y pryd, oedd y byddai 'Danial Poethwynt' wedi bod yn enw tipyn mwy addas. Beth bynnag, ers blynyddoedd bellach, Dan Puw oedd o i bawb tu allan i'r ardal, a Dan Styllen yma yn ei gynefin, ie hyd yn oed wedi iddo symud i Lwyn Mafon i ddechre ac i Gwernydd wedyn. Oherwydd, er iddo gael gyrfa addysgol addawol iawn, yma yn ysgol Parc i ddechrau, ac wedyn yn Ysgol Ty Tan Domen, a dechrau ar gwrs lefel A mewn pynciau gwyddonol, cefnu wnaeth o ar addysg ffurfiol a dod adre o ddewis i Styllen i ffarmio, a hynny er bod ei fam a'i chiworydd hŷn yn frwd dros werthu'r ffarm er mwyn iddo fynd ymlaen â'i addysg. A diolch mai adre y daeth o, achos mi allai ei ymennydd praff fod wedi mynd â fo ymhell odd'ma, ac mi fydden ni ar ein colled.

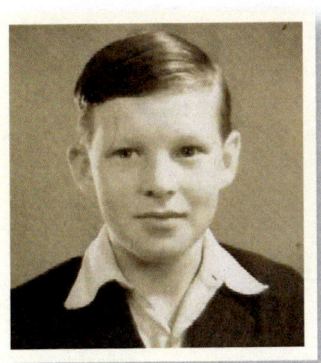

Dan Puw tua 1947

Mi dyfodd Dan yn sŵn canu. Roedd aelwyd Styllen yn un

brysur yn enwedig ar fin nosau'r gaeaf, a rhywrai yno byth a beunydd yn ymarfer, a'r teulu hefyd yn mynd i ardaloedd eraill i ddifyrru cymdeithasau. Ond mae atgofion cynharaf fy nghenhedlaeth i am Dan pan oedd o ynghanol ei ugeiniau. Roedd cysylltiad rhwng fy nheulu i ac yntau yn rhinwedd y ffaith y byddai 'sbrynied Styllen yn dod am wyliau gaea i Lwyn Mawr Isa, cysylltiad a drodd yn gyfeillgawrch ac yn nosweithiau a ymestynai i oriau mân y bore ar noson y setlo. Oedd, roedd Dan yn gwmnïwr diddan. Ond mae'r atgofion cynnar yn gysylltiedig hefyd ag eisteddfodau'r Urdd a'r gwyliau Ysgol Sul. Ei rieni fyddai wedi bod yn hyfforddi yn ystod awr ginio yn yr ysgol, yn y cyfarfod un o'r gloch ar bnawn Sul, a ninnau'n cael ein trwytho yn y modiwletyr, a'r tonic Sol-ffa, ar gyfer arholiad a alwem yn 'Do-do-do'! Er i Dan hefyd ymgymryd â'r dyletswyddau hynny i gyd yn nes ymlaen, gyrrwr y tacsi oedd o yn y dyddiau cynnar, – fan dransit wedi ei dodrefnu â meinciau yn ein casglu o geg y ffyrdd i'n cartrefi i'n cludo i ragbrofion. Ryden ni hefyd yn cofio dyddiau pan oedd Aelwyd yr Urdd yma yn Parc, a Dan yn arweinydd arni am flynyddoedd, a ninnau'n cael pob math o brofiade. Cyn dyddiau Iechyd a Diogelwch ac Asesiadau Risg, fe aeth â chriw ohonon ni i Lanberis liw nos i ddilyn llwybr y trên bach i ben yr Wyddfa i weld yr haul yn codi. Welson ni ddim byd! Roedd o'n arweinydd wrth reddf, ac oherwydd ei ffraethineb roedd o'n dipyn o arwr i lawer ohonon ni.

Nos Wener, Tachwedd 2il 1962 roedd Y Gymdeithas yn cyfarfod yn Parc, ac roedd newyddion pur syfrdanol wedi cyrraedd. Roedd Dan Styllen wedi priodi Lona Hughes o'r Bala. Nid bod hyn yn annisgwyl achos roedden nhw'n canlyn ers tro byd. Yn wir, roedd Mrs. Evans Cwm Tylo wedi gofyn i Dan y diwrnod cynt pryd roedd o am briodi. Ei ateb oedd,' Wel, os bydd y tywydd yn braf fory, wrach y prioda i fory'. Pawb yn chwerthin heb fawr feddwl y bydde hynny'n troi'n ffaith. Sleifiodd Dan, a Dafydd Tyddyn Du, ei was priodas, a'i bartner gneud drygau, trwy'r Lordship i wneud yn siwr eu bod nhw'n cyrraedd Capel yr Annibynwyr mewn pryd. Y gwir amdani oedd

Dan a Dafydd E. Evans, Tyddyn Du, neu Dei If 'ei bartner gwneud drygau' gydag argraffydd Gwasg Llafar; un o'u mentrau

fod Dan wedi chwarae cymaint o gastie ar noson cyn priodas cynifer o bobol, fydde Lona byth wedi'i weld o pe bai'r stori wedi mynd ar led.

Fe anwyd pump o blant i Lona ac yntau, – Mererid, Euros, Iolo, Ffuon a Guto. Dan ei hun fyddai'r cyntaf i gydnabod mai Lona, neu'n hytrach 'Sian' a ysgwyddodd y pen trymaf o'r magu. Roedd o'n dad caredig, er yn ddisgyblwr yr un pryd, ond roedd hi'n amlwg wrth i'r pump ailadrodd atgofion fod yn Stylen aelwyd hapus a hwyliog dros ben. Roedd Ffuon er enghraifft yn cofio ei bod wedi methu cadw'i haddewid i fod adre'n gynnar ryw noson. Sleifio'n ofalus i'r tŷ gan agor y drws i'r grisiau'n bwyllog tra'n trio cofio pa ris oedd yn gwichian. Ond fel yr agorodd y drws dyma dabyrddu fel pe bai'r nenfwd yn disgyn ar ei phen – Dan wedi clymu cortyn o'r drws i ryw fath o gasgen oedd ar ben y grisiau, a'r cyfan o gerydd oedd ei angen y noson honno oedd y geiriau 'Nos da Ffuon' wrth iddi basio drws ei lofft. Roedd hi wrth gwrs yn aelwyd gerddorol hefyd, a'r plant yn ogystal â'r rhieni yn chwarae offerynau, a chrewyd cerddorfa fach – drymiau oedd offeryn Iolo a'r rhythm a ddysgodd Dan iddo yn adlewyrchiad o'i absenoldeb mynych yn y cyfnod yma, 'Dad wedi mynd i'r Cyngor Dosbarth'.

Mi fedra i ddychmygu nad oedd o'n mynd i eithafion i ganmol ei blant yn eu hwynebau, ond mi ŵyr y gweddill ohonon ni yn iawn mor ofnadwy o falch oedd o ohonyn nhw i gyd. Ymhen amser fe ddaeth amser y canlyn a'r priodi, cyfle arall i Dan ddangos ei ddyfeisgarwch trwy enwi rhai o'i gŵn ar ôl hogie oedd yn dangos diddordeb yn y ddwy ferch. Mi'i cofiaf o'n datgan hefyd ym mhriodas Ffuon ac Iwan fod ei hoffter cynyddol o Iwan yn golygu mai nhw'u dau oedd yn mynd i gael y pleser o ofalu amdano fo yn ei henaint. Do, daeth Preis, Haf, Dona, Iwan a Nia'n rhan o'r teulu, ond mae'n debyg mai Haf gafodd fwyaf o'i gwmni wrth i Euros a hithau setlo yn Styllen. Cafodd groeso gan Haf ac mi wnaeth hi ddwsinau o baneidiau a sawl cinio iddo. A'r tâl gafodd hi am hyn? Y pleser o wrando arno'n chware efo'i ddannedd gosod, – rhywbeth oedd yn gas ganddi – er difyrrwch mawr i'w thad yng nghyfraith wrth gwrs.

Ac wrth gwrs, daeth wyrion, a gorwyrion bach. Wna i ddim trio'u henwi i gyd, dim ond deud eu bod nhw wedi dod â myrdd o bleser i'w Taid. Os oedd ei blant yn fodau i'w disgyblu, bodau i gael hwyl efo nhw oedd wyrion, hyd yn oed pan oedd eu rhieni'n trio'u gwastrodi. Mae Ceredig yn cofio ei fod wedi canu'r un gân yn ddi-baid un tro wrth fynd yng nghwmni ei daid i Ben Llŷn, a bod Dan wedi mynnu ar ôl cyrraedd adre mai jiwcbocs fyddai Ceredig ar ôl tyfu. Ymysg cas fwydydd Dan roedd swej a chyris o bob math. Un canol dydd, Owain oedd y cogydd yn Styllen a'r dewis ar y fwydlen oedd Korma neu Gorma. Mentrwyd rhoi peth ar blat Dan, a llwyddodd hwnnw i dynnu ei wyneb i ystum gwahanol gyda phob llwyaid a roddodd yn ei geg.

Mi ddwedais i gynne mai 'Sian' (a'r ffugenw gyda llaw yn deillio o'r ffaith i Lona ei alw rywdro'n Sion Blewyn Coch, ac fe gofiwch beth oedd enw cymar hwnnw!), ie Sian ysgwyddodd y pen trymaf o'r magu, a hynny am fod Dan mor brysur. Roedd wedi olynu ei rieni fel arweinydd naturiol yn yr ardal, yn cyfrannu i weithgareddau diwylliannol yma ac ymhellach, gweithgareddau'n amrywio o ymrysona a meuryna i arwain cymanfaoedd canu i ddarlithio ar Fywyd a Gwaith y Pêr Ganiedydd. O ystyried yr aelwyd y magwyd ef arni doedd ryfedd iddo ddatblygu i fod yn osodwr Cerdd Dant, ac yn hyfforddwr unigolion a phartion yn lleol a thu hwnt. Bu'n aelod allweddol o'r Gymdeithas Cerdd Dant, yn weithredol ar y pwyllgor gwaith a chyllid, ac ar y panel archwilio cystadlaethau i'r Ŵyl Gerdd Dant, ac yna'n Llywydd Anrhydeddus. Ymhlith ei osodiadau cyntaf roedd un i barti meibion lleol ar gyfer yr ŵyl Ysgol Sul ar y geiriau 'O nefol Addfwyn Oen', a'r beirniad yn gofyn am gael ailglywed 'y parti gwych' i gloi'r ŵyl yn lle'r anthem genedlaethol. I Deio Emlyn Edwards, sy'n byw ddau ddrws i ffwrdd o Gwernydd y lluniodd ei osodiad olaf, a chafodd Dan y pleser o wrando ar recordiad o Deio'n ei ganu ychydig ddyddiau cyn iddo'n gadael. A Dan gyda llaw, oedd y cyntaf i wneud gosodiad ar gyfrifiadur, ac ar sail hynny bu'n cynnal cwrs 'gosod ar gyfrifiadur' i'r Gymdeithas Cerdd Dant.

Wrth gwrs roedd o wedi cystadlu droeon ei hun fel unawdydd, ac yn ôl tystiolaeth Mair Carrington Roberts roedd wedi dal i edliw iddi ar hyd y blynyddoedd am beidio rhoi'r wobr gyntaf iddo mewn eisteddfod yn Llanuwchllyn rywdro pan oedd hi'n dechrau'i gyrfa fel beirniad. Ac yna, ar ddechrau'r chwedegau ffurfiwyd triawd, – Dan, Bob Edwards, fy nhad a Gwilym Jones, fy ewyrth, a dyma driawd cerdd dant buddugol Eisteddfod Genedlaethol Llandudno 1963, – trueni nad oes unrhyw recordiad ohonyn nhw. Bu Dan yn aelod ffyddlon hefyd o Feibion Llafar dan arweiniad Trefor Edwards. Ac yna, daeth cyfnod llwyddiannus iawn yn ei hanes yn hyfforddi partïon, – Parti Brenig, Meibion Llywarch, Cywion Llywarch a Chôr y Cewri, ac mi fydde'n creu trefniannau o ganeuon gwerin a chyfansoddi alawon gwreiddiol yn ogystal â gosod cerddi ar dannau. A chyda llaw, roedd Eisteddfod Bro Colwyn yn un i'w chofio, a Meibion Llywarch yn ennill cystadleuaeth y Parti Cerdd Dant a'r Alaw Werin, ac yn goron ar eisteddfod lwyddiannus, Guto'n ennill Tlws y Cerddor.

Mi fues i'n ddigon ffodus i gael mynd i gyfeilio mewn rhai o ymarferion Parti Brenig a Meibion Llywarch pan fydden nhw'n paratoi ar gyfer y gwyliau cenedlaethol ac mi fydde llawer o hwyl yn gymysg â'r dysgu. Cofiwch chi, fydde 'ne byth rhyw ganmol mawr. Pan fydde parti'n canu am y tro olaf yn yr ymarfer olaf cyn cystadleuaeth, ac wedi cofio gwneud popeth roedd o wedi'i ofyn ganddyn nhw, y gore y gallen nhw'i ddisgwyl oedd 'Wel, os canwch chi fel'ne fyddwch chi ddim yn gwilydd'!! Ond roedd yr hyfforddwr a'r hyfforddeion yn dallt 'i gilydd yn iawn. Yn ogystal â llwyddiannau yn y gwyliau cenedlaethol mae'n ddiddorol nodi hefyd ei fod wedi achub ar y cyfle i gyflwyno'r diwylliant Cymraeg a Chymreig y tu hwnt i Gymru efo'i bartïon trwy gefnogi'r ŵyl Ban-Geltaidd yn Iwerddon, Gŵyl Gymreig Woodvalley yng Nghanada a Galithia yn Sbaen, a Meibion Llywarch oedd y Côr Cymraeg cyntaf i ganu yn Eglwys Gadeiriol St Iago de Compostella.

Agwedd arall ar ei weithgaredd cerddorol wrth gwrs oedd y band. Ymaelododd â Seindorf Arian y Bala yn ddeunaw oed, a bu'n hyfforddi'r adran ieuenctid ac yn arwain y band cyfan cyn i hwnnw ddod i ben. Y trombôn oedd ei offeryn, ac uchafbwynt cyngerdd blynyddol y band yn Neuadd Buddug fyddai datganiad Dan o'r Acrobat, – heb anghofio'i ddatganiad merwino clustiau o'The Blue Bell of Scotland' a'r trombôn yn fwriadol chware E naturiol yn erbyn E fflat y piano! Ie, darlun arall o hiwmor Dan!

Roedd Dan wrth gwrs yn aelod nid rhy ffyddlon o Orsedd y Beirdd, ac yn eisteddfod Môn 2017 derbyniodd Fedal Goffa Syr T.H.Parry-Williams er clod, diolch i Gwenan ei chwaer yng nghyfraith am wthio'r cwch hwnnw i'r dŵr. Braint i mi oedd cael geirio'r cais gan synnu a rhyfeddu wrth ystyried cymaint roedd o wedi'i gyflawni yn ei oes. Ond wrth gwrs roedd llawer mwy i'w ddweud nag oedd yn ofynnol ar y ffurflen honno. Tybed faint o'i gyd-ardalwyr oedd yn gwybod ei fod o wedi cofnodi holl enwau caeau ardal Parc, cofnod sydd wedi ei ddiogelu yn Sain Ffagan? A phwy sy'n cofio iddo nid yn unig fod yn Gynghorydd Dosbarth, ond dod o fewn trwch blewyn i'w ethol yn Gynghorydd Sir? Bydd rhai ohonoch chi'n cofio ei fod o wedi cynllunio a chreu peiriant lapio byrnau mawr, peiriant a ddefnyddiwyd yn yr ardal hon ac eraill am gryn saith mlynedd, peiriant y defnyddiodd Dan ei wybodaeth fathemategol i'w ddyfeisio, a'i sgiliau weldio manwl i'w greu. A chyda dyfodiad cyfrifiaduron, nid gweld bwgan a rhwystr wnaeth Dan ond cofleidio'r cyfrwng a'i feistroli i'w droi'n was iddo mewn cynifer o ffyrdd.

Bu am gyfnod yn gweithredu ar Gyngor Prifysgol Bangor- hwylus iawn gan ei fod yn medru cyfuno'r cyfarfodydd efo ymweliad sydyn i fwrw golwg dros ei ddefaid yn Sir Fôn, a chael cyflog am wneud fel petai. Y plant eto oedd yn cofio'r tro hwnnw pan agorodd drws bach ochr y lori wrth yrru trwy Fangor, a dafad yn neidio allan ohoni dros ben wal i ardd rhywun a glanio at ei bol mewn pridd meddal ffres. Pan ddaeth y perchennog piwis i'r golwg a holi'n ddigon blin be oedd y ddafad 'ma'n wneud yn fan'no, ateb cyflym Dan oedd 'It grew there'. Beth bynnag, i ddod yn ôl at stori Cyngor y Brifysgol. Yn anffodus ar un o'r achlysuron yma, ac yntau'n newid yn sydyn o'i ddillad ffarmio i ddillad Cyngor, fe sylweddolodd ei fod wedi anghofio'i sgidie. Doedd dim amdani ond golchi'i welingtons, a'u hailwisgo'n barchus o dan drowsus ei siwt ac eistedd yng nghefn yr ystafell bwyllgor rhag i neb sylwi. Ond, daeth rhyw swyddog ato a gofyn iddo symud yn nes ymlaen. Gan gadw'i draed ynghudd o hyd o dan y gadair, symudodd Dan i eistedd ar flaen ei sedd gan wyro ymlaen, – a gwenu'n glên ar y swyddog run pryd synnwn i ddim!

Roedd yn eithriadol o alluog a chreadigol mewn cymaint o feysydd, ac roedd y gallu'n ei amlygu ei hun hefyd yn ei atebion sydyn a'i hiwmor cyflym. Doedd goddefgarwch ddim ymysg ei brif nodweddion o, a byddai hiwmor yn aml yn arf i fynegi ei anoddefgarwch, a brath yr hiwmor miniog weithiau'n brifo teimladau sensitif – dros dro. Byddai pethau bach yn mynd dan ei groen – peidio diffodd golau wrth adael ystafell, rhoi mwy o ddŵr yn y tecell nad oedd ei angen. A phethau mwy fel diffyg prydlondeb a diffyg sêl dros weithgareddau diwylliannol. A phethau mwy fyth fel cyfieithiadau llythrennol darllenwyr newyddion, a Chymraeg sathredig o enau'r to iau, ac wrth gwrs byddai wrth ei fodd yn canfod gwallau a diffygion yn iaith unrhyw un oedd 'wedi cael coleg'!!Ac wrth frwydro dros achos cyfiawn byddai siarad plaen iawn. Dyma atgof a anfonodd Geraint Løvgreen at Guto. *'Roeddwn i'n cyfieithu mewn cyfarfod yn Ysgol y Berwyn, y Bala pan oedd Cyngor Gwynedd am gau'r chweched dosbarth. Gwilym Humphreys y Cyfarwyddwr Addysg yn sôn am ei brofiad fel prifathro Ysgol Rhydfelen ac yn dweud y byddai pobl ifanc y Bala yn cael gwell addysg 6ed dosbarth drwy fynd i goleg newydd Meirion Dwyfor. Dan Puw yn codi ar ei draed ac yn enwi'r enwogion oedd wedi cael eu haddysg uwchradd i gyd yn y Bala – rhestr hir o gewri fel Syr Ifan ab Owen Edwards ac ati – cyn yngan y lein anfarwol – "A phwy ydi'r dyn enwocaf sydd wedi dod o Ysgol Rhydfelen? FELIX AUBEL!"*

A thra'n sôn am ei hiwmor, dyma stori arall yng ngeiriau Gareth, ei nai, stori sy'n dangos fod yr hogyn yn fyw yn yr oedolyn a'i fod o'n chwilio o hyd am gyfle am hwyl. - *Roedd yn Styllen practical jokes di-rif!* - *wedi tipyn o dynnu coes ynghylch faint o amser oedd rhai ohonom yn dreulio yn ystafell y tŷ bach, yn arbennig os oedden ni wedi mynd a deunydd darllen efo ni, roeddwn yn eistedd ar y landing yn Styllen un noson, y cyntaf yn y ciw am yr ystafell ymolchi. Wedi bod yna am o leiaf ugain munud amyneddgar, os nad hanner awr, yn aros i Dan ddod allan, dyma'i lais o waelod y grisiau: "fan yna wyt ti o hyd?!"* - *roedd Dan wedi dringo allan trwy'r ffenest a lawr y biben gan fy ngadael yn ciwio tu allan i fathrwm gwag.*

Mi fu Dan yn golofnydd cyson a difyr tu hwnt yn y papur bro Pethe Penllyn am rai blynyddoedd, a'r erthyglau hynny'n wir fu'n sylfaen i'w lyfr. Mi gefais i'r bai neu'r clod am lunio'r llinell 'Dan M. Puw, dyn mwya Parc', er nad oes gen i ddim cof am amgylchiade'i lunio hi. O'r llinell honno y daeth teitl ei gyfrol, 'Dan Puw, Dyn y Parc'. A dyn Parc oedd o, y cwm yma a'i fywyd a'i ddiwylliant oedd ei ffenest o ar y byd mawr, sy'n gwneud i mi feddwl am linellau o waith T.H.Parry-Williams. Mi gofiwch ei fod o yn ei gerdd i'w fro yn dychmygu beth fyddai effaith ei farwolaeth ar y fro honno. Priodol iawn fyddai parodïo a sôn am y crac ddaeth i dalcen yr ysgol draws y ffordd, ysgol y cofnododd Dan ei hanes mor ddifyr mewn llyfryn i ddathlu'i phenblwydd yn 125, ac ysgol y bu'n huawdl dros ei chadw ar agor; a chrac hefyd yn nhalcen y capel 'ma lle bu'n athro Ysgol Sul, yn flaenor ac yn godwr canu am dros hanner canrif. Pan ddaeth y newyddion am ei farwolaeth roedd y lle'ma'n teimlo'n wahanol rhywsut,

Dan y protestiwr yng Nghaernarfon tu allan i swyddfeydd y cyngor pan drafodid cau Ysgol Parc yn 2012

fel pe bai cramp yn llif yr afon Llafar a chric yng nghyhyrau Arenig, y mynydd y bu'n bugeilio'i lethrau o'i ieuenctid.

Sawl tro yn ystod y blynyddoedd dwytha, wrth sylwi ar arwyddion heneiddio neu wrth sôn am golli rhywun annwyl, mi glywais Dan yn ailadrodd protest y Delynores Nansi Richards, un arall oedd yn mwynhau bywyd ac yn gweld yr amser yn prinhau, '*Pam bod rhaid cael pobol newydd; pam na wneith hi'r tro i ailddefnyddio'r rhei sydd 'ma*'. Ac wrth weld y cyflwr creulon yn gorfodi Dan i gilio o'r gweithgareddau oedd wedi rhoi cymaint o bleser iddo gydol ei oes, dyna oedd fy nheimlad inne. Ond agwedd Dan yn y pendraw oedd '*Rhaid inni wynebu ffeithiau bywyd. Diolch am a gafwyd, yn enwedig y rhai fu'n rhannu'r un llwybrau*'. Diolch am gael cyd-gerdded rhannau o'r llwybrau hynny yng nghwmni Dan Puw, Dyn y Parc.

Dan ar das wair, Styllen, 1943

Dan gyda'i feic

Dan gyda'r cwt gwningen

Llun o Dan yn yr ysgol (y trydydd bachgen o'r chwith)

Styllen a Llyn Corddi, 1943

Styllen, Moel Menyn a'r Arenig Fawr yn y cefndir 1943

Teyrngedau Mair (1941-2019)

Cofio Mair – GWEN EDWARDS

Margaret Mary ar ôl ei dwy nain oedd ar ei thystysgrif geni hi, ond Mair Wmffres oedd hi i bobol Pengarnedd a Phenybontfawr, Mair Humphs i'w chyd-fyfyrwyr yn y coleg Normal, Mair Penri yma ym Mhenllyn, (ac yn ddiweddarach drwy Gymru), ond ar ei dogfennau swyddogol, Margaret Mair Humphreys Jones. Ond un Mair oedd y tu ôl i'r enwau i gyd, waeth pwy oedd y cwmni, yr un oedd hi, yr un y mae hi'n mynd i fod yn chwith iawn i lawer ohonon ni ar ei hôl.

'Hwyliog' ydi'r gair sy'n dod i feddwl rhywun wrth gofio amdani, ac eto dechrau trist iawn fu i'w bywyd hi. Fis ar ôl ei geni ar y 10fed o Fawrth 1941 bu farw'i thad, Robert John Humphreys, gan adael ei mam, Jane Martha Humphreys i fagu ei hunig blentyn. Does ryfedd bod y ddwy mor agos, fel y dywedodd Penri *"yn debycach yn aml i ddwy chwaer na mam a merch. Mair a Martha o ran enw a natur"*. Bu'n rhaid iddyn nhw adael Cwmgwnen, y ffarm gyngor, a mynd i fyw at daid a nain Mair yn Nhanffordd Penygarnedd, ond yn fuan wedi hynny, bu farw ei nain hefyd. Cafodd Mair gwmni ei hewyrth John, brawd ei thaid hefyd ar aelwyd Fronheulog ym mhentref Penybontfawr, yr hen dŷ plismon y symudodd y teulu iddo pan oedd Mair yn wyth oed. Ond yr argraff a geid gan Mair bob amser oedd i'w phlentyndod fod yn un hapus iawn yng nghwmni'r merched oedd yr un oed â hi, merched fu'n ffrindiau iddi hyd y diwedd.

Ac er iddi ymgartrefu'n hapus iawn efo ni yn Parc, roedd Penbont yn dal yn agos iawn at ei chalon gydol ei hoes fel yr oedd y Sir Drefaldwyn yr oedd hi mor gyfarwydd â phob cornel ohoni. A pha ryfedd? Cafodd anturiaethau yno, nid yn unig ar ei beic yng nghwmni'i ffrindiau, ond hefyd yng nghwmni Telynores Maldwyn. Pan oedd y gyfrol 'Cwpwrdd Nansi' yn cael ei llunio dan olygyddiaeth Marged Jones, Mair gafodd y dasg o ysgrifennu atgofion Nansi gan ei bod hi wedi torri'i sbectol. Dychmygwch Mair ar ôl diwrnod o ddysgu plant Llanrhaead' yn mynd gyda'r nos i ffarm Penybont, Nansi'n siarad a siarad, a Mair yn awyddus i gael dechre arni. Ond na! roedd rhaid cael swper i ddechre – pilchards tun bob amser – ac wedyn, Nansi'n siarad a Mair yn cofnodi hyd orie mân y bore, ac ofn am ei bywyd wrth gerdded yn ei hôl am adre yn y twllwch.

Ond dyne fi wedi camu'n rhy fras o lawer. Mi gafodd Mair ei haddysg gynnar yn Ysgol Eglwys Penbont lle roedd ei mam yn gogyddes, a thad un o ffrindiau gorau Mair yn brifathro. Cyfnod hapus i eneth fach oedd, (gredwch chi?) yn un swil a distaw yn ôl tystiolaeth Derwena Jones, ei hathrawes. Ymlaen wedyn i Ysgol Uwchradd Llanfyllin lle cafodd hi hyd i'w thraed a'i llais mae'n rhaid gan iddi gael tair cweir ar ffurf ochor pen yno – dwy o'r rheini am siarad! Ond yno hefyd y deffrowyd ei diddordeb hi mewn gweithgareddau diwylliannol, eisteddfod, drama a siarad cyhoeddus dan ddylanwad W.J. Jones ei hathro Cymraeg. Daeth dan ddylanwad ei hathro Addysg Grefyddol, Geraint Morgan hefyd, a'i resymeg mai nid allanolion crefydd sy'n bwysig, cred a fu'n ganllaw iddi gydol ei bywyd.

Anelodd Mair yn fwriadol am Y Coleg Normal. Yn ei geiriau hi *'cwrs hyfforddi athrawon cynradd fu fy unig uchelgais'*. Ac i Fangor yr aeth felly gan ddewis Cymraeg fel prif bwnc ac Addysg Grefyddol a Drama fel pynciau atodol. Ym Mangor y daeth hi'n gynyddol ymwybodol fod ganddi acen bur unigryw, a chaed tipyn o hwyl yn un o ddarlithoedd Dewi Machreth Elis lle trafodid tafodieithoedd pan ofynnodd y darlithydd i Mair "efo be ydech chi'n dal llygod yn Sir Drefaldwyn?" a chael yr ateb fel ergyd "Trap" yn lle 'r "gieth" ddisgwyliedig. Gyda'i phersonoliaeth fyrlymus, frwdfrydig pa ryfedd iddi ddod yn Llywydd y Gymdeithas Gymraeg, ac yn un o hoelion wyth y nosweithiau llawen a gynhelid yn y coleg.

Daeth dyddiau Bangor i ben, a throdd Mair am Ysgol Gynradd Gwenfro Wrecsam, ysgol hollol Saesneg ei hiaith, ond amser hapus fu hwn iddi eto gan fod cymdeithas luosog o Gymry ifainc yn Wrecsam bryd hynny, ac Aelwyd gref yn cynnwys cwmni drama a chriw noson lawen. A chyn bo hir, ymunodd athro ifanc â'i wreiddiau yn Llanuwchllyn â staff Gwenfro, un oedd wedi cydoesi â Mair am flwyddyn yn Y Coleg Normal ond nad oedd ganddi unrhyw gof o fod wedi'i weld! Ond, yn wir i chi, ar Chwefror 14eg. 1964 fe dderbyniodd y gŵr ifanc gerdyn Sant Ffolant di-enw, ac wedi iddo ddyfalu'n gywir pwy oedd yn cuddio tu ôl i'r cerdyn postiodd yntau un yn ôl trwy ddrws lletty Mair, ac yng ngeiriau Penri "*Dyna'r cardiau gorau gyfnewidiwyd erioed – cychwyn dros 55 mlynedd o berthynas hapus*". Ac mi fedrwn ni, sydd wedi eu hadnabod am flynyddoedd, dystio i wirionedd hynny. Sawl gwaith y clywson ni Mair yn datgan pan fyddai llwyddiant neu glod yn dod i'w rhan hi "*Faswn i byth wedi medru 'i wneud o heb Penri*". Cofiwch chi, roedd canlyn â phellter y Berwyn rhyngddynt yn dipyn o her, un yng nghiosg Penbont, a'r llall yng nghiosg Llangywer (lle caech chi siarad am hanner awr am ddim ond grôt!). Ond fe'u priodwyd yng Nghapel Pengarnedd ar Awst 24ain. 1968, a Mair erbyn hynny'n athrawes yn ysgol Llanrhaeadr ym Mochnant. Un o'i chydathrawon oedd yr organydd, sef Eluned Davies Jones, a hi oedd i fod i chwarae'r Ymdeithgan Briodasol ar ddiwedd y gwasanaeth. Ond chafodd hi ddim cyfle gan fod Nansi, oedd wedi chwarae Ymdeithgan y Briodferch yn rhan gynta'r gwasanaeth, wedi mynd i hwyl ac i gyfeiliant y delyn y cerddodd y pâr priod allan hefyd. A dyna pam fod y teulu wedi dod i mewn i gyfeiliant Nansi heddiw ar ddydd angladd Mair, ac felly y byddan nhw'n gadael y gwasanaeth.

Dechreuwyd y bywyd priodasol yn Llanuwchllyn, ac yma y bedyddiwyd hi yn Mair Penri rhag cymysgu rhyngddi hi a Mair Jones y Siop. Dechreuodd gymryd rhan yn yr Ŵyl Ddrama flynyddol, a hwn oedd y cyfnod pan ddaeth hi hefyd yn aelod o Gwmni Drama Meirion dan gyfarwyddyd craff Huw Pierce Jones. Ymhen llai na thair blynedd cyrhaeddodd Sion Pennant i'r aelwyd, a chyn i Llion Llafar gyrraedd mewn tair blynedd wedyn roedd y teulu wedi ymgartrefu yn Nhy'r Ysgol, Parc. Â'i diddordeb yn y Ddrama bellach wedi'i danio, cychwynnodd Mair ei chwmni drama ei hun a chystadlu mewn gwyliau poblogaidd fel Y Foel, Corwen, Llanrhaeadr, Llanfyllin, Y Groeslon, Ynys Môn a Phontrhydfendigaid. Y ni, bobl gyffredin a dibrofiad Parc, oedd ei deunydd crai, ond diolch i'w hamynedd, brwdfrydedd a dyfalbarhad hi daeth y cwmni i'r brig chwe gwaith yn yr Eisteddfod Gendlaethol, a daeth Mair ei hun i'r brig mewn sawl gŵyl fel prif actores. Yn rhyfedd iawn i un mor hwyliog, dramâu difrifol oedd yn mynd â'i bryd, deunydd o sylwedd a dwyster yn rhoi cyfle i actor gyfleu emosiynau, ac wrth gwrs, oherwydd prinder deunyddiau o'r fath bu'n ddiwyd yn cyfieithu. Wrth fesur a fyddai hi ei hun wedi llwyddo i fynd dan groen cymeriad mewn perfformiad, y llinyn mesur fyddai oedd hi wedi crio ai peidio. Ac fe bortreadodd amrywiaeth o gymeriadau o Sali Jones, gwraig gref Tomos Charles i Jezebel ddidrugaredd y Beibl, i Geridwen Morgan ddryslyd Islwyn Ffowc Elis. Ac mi fyddwn ni fu'n rhan o'r cwmni yn cofio'r gorchymyn "Reit un waith eto, pawb yn canolbwyntio, a cofiwch cwic ar ych ciws!!" Ac nid ei chwmni ei hun yn unig gafodd fanteisio ar ei gallu fel cynhyrchydd ond pobl Penllyn mewn cyflwyniadau crefyddol a hanesyddol ar achlysuron arbennig. Roedd perfformio yn ei gwaed a chyfansoddodd sawl monolog a chyflwyniad a'u llwyfannu i ddifyrru cymdeithasau ymhell ac agos, a Penri unwaith eto'n gefn iddi trwy'r cyfan. Estyniad o hyn oedd yr adrodd digri, a hithau'n ennill deirgwaith yn olynol yn y genedlaethol gyda deunydd a gyfansoddodd ei hun. Roedd y cam o berfformio i feirniadu'n un cwbl naturiol, a Mair yn mwynhau'r profiad o gloriannu mewn sawl gŵyl, ac actorion a chynhyrchwyr ar eu hennill o glywed ei sylwadau. Ar ben hyn, gyda'r haelioni oedd mor nodweddiadol ohoni croesawai Mair gynhyrchwyr eraill i fenthyca o'r storfa ddrama helaeth a gasglodd yn Glannant.

Mi gefais y fraint o fod yn gymdoges agos a ffrind iddi am

dros ddeugain mlynedd. Mi welais Sion a Llion yn tyfu, yn gadael y nyth, yn dilyn gyrfa. Mi fum yn dyst i'r hapusrwydd ddaeth i'w bywyd wrth i Helena a Lisa ymuno â'r teulu, a phinacl ei llawenydd oedd dyfodiad Oisín Lludd, Caoimhe Melangell, Owain Dafydd a Cai Aneirin. Daeth diwrnod Aberystwyth a'r te yn Morrisons, a'r teithiau i Gaerdydd i felysu bywyde Penri a hithe. Mi fuon ni'n dwy yn seiadu llawer yn nhai ein gilydd ar nos Iau ar hyd y blynyddoedd tra roedd Penri yn y côr, a'r 'chi' a'r 'chithe' a fabwysiadwyd ganddon ni o'r dechre yn orchudd dros yr agosrwydd oedd rhyngon ni mewn gwirionedd. Mi lwyddon ni i ddianc am ambell noson i Lerpwl am fod Penri adre i warchod Nain oedd erbyn hynny wedi dod i fyw i Parc, a phrif bwrpas yr ymweliadau hynny hefyd oedd ymweld â theatrau a gweld amrywiaeth o ddramâu. Ac yn ei chwmni hi a Penri y bum i am yr unig dro yn fy mywyd yn Nolwar Fach a Phennant Melangell, a theimlo mor gysegredig oedd y mannau hynny iddi hi. Rhain, ynghyd â'r myrdd cymwynasau cymdogol, fydd yr atgofion fydd yn goroesi ac yn goresgyn y cof am y misoedd trist dwytha. Diolch amdanynt.

Robert John a Jane Martha Humphreys (rhieni Mair) ar eu mis mêl

Mair tua 2/3 oed yn Nhanyffordd. Penygarnedd

Mair tua 4-5 oed yn Nhanyffordd. Penygarnedd

Ar y bont gerllaw ei chartref

Beicio

Plant Penybontfawr efo Mair o flaen Bronheulog. Penybontfawr

Plant Penybontfawr efo Mair, (ychydig hŷn) o flaen Barog House

Gorymdaith Cyhoeddi Eisteddfod Powys Penybontfawr Gorffennaf, 1965

Yn Y Bermo 1967

Dosbarth Mair yn Ysgol Llanrhaeadr ym Mochnant dechrau'r 70au

Eisteddfod Genedlaethol Wrecsam 1977. Dechrau cyfnod yr adrodd digri.

Anti Mair – RHIAN DAFYDD

Ymunodd Anti Mair â changen Merched y Wawr Llanuwchllyn pan ymgartrefodd yno ar ôl priodi. Mae'n siwr fod Mrs Humphreys yn falch iawn mai yno yr ymgartrefodd gyda bachgen o Lanuwchllyn, yn hytrach nag mewn tent ar gyrion y Sahara, lle gallai'n hawdd fod wedi bod, pe bai wedi rhoi ateb cadarnhaol i Hamed Elnil Al Radi pan ofynnodd hwnnw iddi mewn llythyr am ei llaw mewn glân briodas! Roedd pobol Llanuwchllyn wedi gweld ei photensial yn syth gan iddi gael ei hethol yn Llywydd y gangen yn ystod ei chyfnod byr yno.

Yn fuan wedi symud i Dŷ'r Ysgol, neu Glannant, ymunodd Anti Mair efo cangen Merched y Wawr y Parc. Ac yno y gwnaeth fy Mam ei chwrdd a theimlo ei bod wedi cyfarfod enaid hoff cytûn. Ar gyfer y rhan hon o'r deyrnged rydw i wedi dibynnu ar atgofion Mam. O'r cychwyn cyntaf, teimlai fel pe bai wedi ei hadnabod erioed. A felly y cychwynnodd cyfeillgarwch a barhaodd am flynyddoedd; y ddwy yn mwynhau yr un math o bethau, a Merched y Wawr yn fodd arbennig i gymryd rhan mewn amrywiol weithgareddau. Yn ôl Mam, roedd yn un hawdd bod yn ffrind iddi gan ei bod yn berson agos atoch, yn hawdd siarad â hi ac yn un y gallech ymddiried ynddi bob amser a wnaeth hynny ddim newid ar hyd y blynddoedd.

Bu'n weithgar iawn yng Nghangen y Parc, yn Llywydd ac Ysgrifennydd yno. Ac yn ôl ei chyfaddefiad ei hun, roedd llawer gwell ganddi fod yn llywydd, lle câi ymarfer yr hyn oedd yn dod yn hollol naturiol iddi sef siarad, nag ymlafnio efo gwaith bod yn ysgrifennydd. Bu'n Llywydd Rhanbarth Meirion am 3 blynedd ac yn 1990 fe'i gwnaed yn Llywydd Cenedlaethol. Roedd ei chyfnod fel Llywydd yn para am ddwy flynedd, ac yn digwydd bod roedd y mudiad yn dathlu 25ain o fodolaeth yn y cyfnod hwnnw. Cyfnod prysur iawn a threfnwyd bod aelodau presennol y mudiad i ddod ar bererindod i'r Parc! 3000 o ferched yn llenwi pentref bach y Parc! Doedd dim ond lle i tua 200 yng Nghapel y Parc a rhyw 150 yn y Neuadd. Fuon nhw rioed mor falch o dywydd braf!

A phwy well i arwain ac i annog pawb yng nghangen y Parc i gymryd rhan nag Anti Mair. Roedd ganddi'r ddawn i gynnwys pawb ac i arwain trwy esiampl. Cynhyrchodd basiant yn sôn am hanes y mudiad a lwyfanwyd yma yng Nghapel Tegid. Rhaid oedd ei lwyfannu ddwy waith gan mai rhyw fil oedd yn gallu ffitio yma ar yr un pryd a doedd aelodau Sir Feirionnydd na Sir Ddinbych yn cael dod i'w weld er mwyn sicrhau lle i eraill. Perfformiwyd o wedyn yng Nghorwen er mwyn y rhai a fethodd ei weld y tro cyntaf.

Bum mlynedd ar hugain yn ddiweddarach, er mawr lawenydd iddi, llwyddodd i fod yn bresennol yn nathliadau'r hanner cant er gwaetha'r chwe mis anodd a gafodd cyn hynny. Trwy ei salwch fe wnaeth gynorthwyo i greu murlun a fyddai yn gofnod parhaol o fodolaeth Merched y Wawr yn y Parc ar gyfer Dathlu'r Aur.

Bu'r ddwy ar ambell daith dramor gyda Merched y Wawr – Awstria, Yr Eidal, Creta, Llydaw, Groeg i enwi rhai, gan ddychwelyd gyda stôr o straeon am yr hwyl roedden nhw wedi ei gael. Fel yr hanes amdanyn nhw yn ymweld â chloddfeydd halen Saltzburg a mynd i lawr i grombil y ddaear i weld amgueddfa oedd yn dangos cysylltiad y Celtiaid â'r fan. A gorfod mynd i lawr ar sleid anferth a mawr oedd y sgrechian. Mi allwn ni ddychmygu pwy oedd yn sgrechian uchaf yn gallwn. Deall ar ôl cyrraedd y gwaelod fod posib mynd i lawr grisiau mewn modd llawer mwy urddasol!

Dro arall, gweld bargen ar gornel stryd yn Rhufain. Roedd dyn yno yn gwerthu watches ac yn brolio eu bod yn fargen. Ddim digon o fargen i Anti Mair, ac mi lwyddodd trwy fargeinio i gael y pris i lawr. Gan ei bod wedi bod mor llwyddiannus yn y bargeinio penderfynodd brynu dwy. Ond deall mai'r gwerthwr oedd wedi cael y fargen ore gan nad oedd yr un o'r ddwy yn gweithio ar ôl cyrraedd adre.

Mi benderfynodd y ddwy ohonyn nhw fynd ar gefn mulod yng ngwlad Groeg a'r tywysydd yn eu harwain gerfydd rhaff oedd tua ¼ milltir o hyd. A dyma'r ddwy yn panicio pan ddaethon nhw at risiau yn mynd ar i lawr.

"Be newn ni rwan?" holodd Mam.
"Steddwch yn ôl Sylwen".
A'r ddwy yn cyrraedd y gwaelod mewn un darn!

Teimlai'r ddwy ei bod wedi bod yn fraint cael cynrychioli Merched y Wawr ar daith i Lesotho ym mis Ionawr 2001 i agor canolfan newydd yr Homemakers oedd wedi ei hariannu gan Merched y Wawr. Roedd siom fawr o ddeall, ar fore'r agoriad, mor anorffenedig oedd yr adeilad. Ond roedd yno gannoedd o bobl yn dathlu a dawnsio ac fe agorwyd y ganolfan er gwaetha'r ffaith nad oedd to, ffenestri na drysau i'r adeilad! Ar ôl dychwelyd adre, bu'r ddwy yn mynd o amgylch yn sôn am y daith gan gasglu rhagor o arian i'w yrru i Lesotho er mwyn sicrhau fod y gwaith adeiladu yn cael ei orffen.

Yn ystod eu hamser yn Lesotho, cafodd y ddwy eu gwadd i briodas y brenin! Mi ddaethon nhw i'r casgliad na allen nhw fynd i'r briodas heb het. Felly prynodd y ddwy hetiau gwellt oedd ar werth ar y stryd. Ac wrth gwrs fe brynwyd y ddwy het fwyaf smart ar y stondin am gost anhygoel o £3.50 yr un! Tybed ai dawn Anti Mair i fargeinio sicrhaodd bris mor dda am yr hetie?

Bu'r ddwy yn cyd-actio mewn sawl sgets yn sgîl digwyddiadau Merched y Wawr, a mawr fyddai'r hwyl wrth ymarfer a'r cymeriadu doniol bob amser yn codi'r to yn arbennig gan Anti Mair. Pwy all anghofio y sgets am ddwy o gefn gwlad Cymru yn mynd i Lunden wedi pacio'u *stêsus and brêsus* ac isho rhywbeth i wneud *'after us coming all the way!'* Bu' n cyfrannu i ddigwyddiadau lu fel arweinydd mewn cyngherddau, eisteddfodau a nosweithiau llawen yn enw'r Mudiad hefyd. Roedd ei dawn naturiol a'i natur gartrefol bob amser yn sicrhau fod y gynulleidfa yng nghledr ei llaw a phob dim yn mynd fel wats.

Tra'n Llywydd Cenedlaethol, byddai'n atgoffa'r aelodau o bwysigrwydd y mudiad yn eu safiad i sicrhau statws yr iaith Gymraeg yn y Gymru fodern. Roedd yn angerddol dros Gymru, ei diwylliant a'i hiaith ac fel y dywedodd yn Llaw ar y Llyw yn

Cangen MYW Parc adeg dathlu 25 mlwyddiant y Mudiad

1991, roedd rhaid i ni '..fynnu bod ein hiaith yn cael ei lle yn ei gwlad ei hun.' Ac wrth gwrs, fe gyfrannodd hi yn helaeth at wireddu hynny yn ei gwaith fel athrawes fro lle byddai'n trochi'r plant di-Gymraeg yn iaith y nefoedd.

Pregethu
Bu Capel Penygarnedd yn ddylanwad mawr ar Anti Mair. Yno dysgodd gymryd rhan yn yr addoliad a gweithgareddau'r Gymdeithas. Yno yr anogwyd hi cyn dyddiau coleg gan bobl fel Gwilym Jones, "Y Gegin" i ddechrau arwain gwasanaethau a phregethu. Wedi dechrau gweithio ehangodd ei maes a pharhaodd â'i chenhadaeth ymron yn ddi-dor am drigain mlynedd.

Yn Nhachwedd 2014 cyflwynwyd iddi englyn o waith Cymerau - Robin O. Hughes, Llanfyllin - i nodi "....
Gwasanaethu'r Capeli lleol dros 53 o flynyddoedd.

"Awr o sylwedd a gweddi yw rhinwedd
    Yr hynod Mair Penri;
Duw â'i nerth a'i doniau hi
Yn dal i'n hysbrydoli."

Bu ei chrefydd, ei ffydd a'i pherthynas â Christ yn nodwedd arbennig o'i bywyd. Cafodd y sylfaen yn ei chapel ym Mhenygarnedd a chefnogaeth ei theulu, ei henwad a'i chyfeillion. Byddai'n mynychu cyrsiau adeg gwyliau ysgol a choleg ym Mrynygroes, Y Bala a chanolfannau eraill. Wedi priodi a chroesi'r Berwyn i Benllyn ehangodd ei maes a bu'n cynnal gwasanaethau rheolaidd trwy ogledd Cymru a'r canolbarth. Gwerthfawrogid ei llais a'i hynganu clir gan lawer yn ogystal â chynnwys ei phregethau. Gofid iddi'n ddiweddar wrth deithio hyd yr hen lwybrau oedd gweld llawer o'r capeli y bu'n gwasanaethu ynddynt wedi cau eu drysau a'u gadael i ddadfeilio neu eu troi'n dai.

Pan oedd y Barch. Angharad Roberts yn weinidog yn Parc perswadiodd Mair a Sylwen Davies i ddilyn cwrs tair blynedd allanol rhan amser Hyfforddi Pregethwyr Lleyg, "Astudio'r Ffydd", Eglwys Bresbyteraidd Cymru dan reolaeth Coleg Trefeca. Golygodd hyn lawer o waith darllen, paratoi a llunio traethodau. Comisiynwyd y ddwy yn Ionawr 1998 yn Henaduriaeth Dwyrain Meirionnydd. Dywedai nifer wrthi fod y cwrs a ddilynodd gyfystyr â chwrs gweinidogaeth lawn yr Eglwys Annibynnol. Gallasai'n hawdd fod wedi mynd i'r weinidogaeth lawn amser ond penderfynu aros gyda'r lleygwyr a wnaeth. Doedd hi ddim yn cytuno bob amser efo'r drefniadaeth Bresbyteraidd. Gwelai ormod o fiwrocratiaeth y drefn yn tynnu'n groes i'r wir genhadaeth. Fu hi erioed yn hoff o bwyllgora a chasái swydd ysgrifennydd er i hynny hefyd ddod i'w rhan droeon wrth ymwneud â chymdeithasau lleol, eisteddfodau, dramâu a mudiad Merched y Wawr. Y gair llafar oedd ei forte bob amser. Dysgodd chwarae piano a gallai chwarae emyndonau. Byddai galw arni weithiau i chwarae yn oedfa ambell i gapel bychan heb organydd yn bresennol. Fu hi erioed yn hoff o ganu er y byddai'n hymian rhyw dôn neu diwn byth a hefyd wrth wneud rhyw orchwyl neu wrth siopa. Cywilyddiodd yn enbyd unwaith pan oedd yn canlyn Mr Jones pan sylweddolodd mai *"Here comes the bride.."* oedd y diwn a nhwthe bron gyferbyn â siop jewellers!! Ymhen peth amser wedyn yr aethon nhw i Browns of Chester i ddewis modrwyau!

Roedd Anti Mair wedi dechrau pregethu dipyn o flaen Mam. A phan wnaeth Mam grybwyll ei bod yn teimlo iddi gael yr alwad, roedd Anti Mair yn llawn anogaeth. Roedd hi'n gwybod am yr union gapel y gallai Mam fynd iddo i weld sut bydde pethe'n mynd. A lle arall fyddai hi'n gyrru Mam ond i ganol ei phobl ei hun ym Mhenbontfawr.

Roedd Capel y Parc yn agos iawn at ei chalon. Cawn ein hatgoffa o hyn wrth edrych ar y gwaith pwytho cywrain sydd yno yn dweud Cariad yw Duw. Pob pwyth yn brawf o gred Anti Mair yn ei gwaredwr a'i ffyddlondeb i'r capel.

Hyfforddi

Anti Mair oedd hi i mi o'r dechre ond roedd rheidrwydd i alw fy mhrifathro yn Mr Jones ac felly bu pethe hyd heddiw er mawr ddifyrrwch i Anti Mair. Roedd cael ein hyfforddi i lefaru gan Anti Mair mor naturiol ag anadlu i ni blant y Parc. Roedd y disgwyliadau bob amser yn uchel a'r paratoi o'r un safon ar gyfer Gŵyl Ysgol Sul yn y Bala ag oedd o i baratoi ar gyfer yr Eisteddfod Genedlaethol. Oedd, mi roedd ne godi llais ar brydiau (ond yn haeddiannol achos doedden ni ddim o hyd yn mynd dros ein geiriau rhwng ymarferion!) ond y cof sy'n aros ydi ei brwdfrydedd bob amser a'r parodrwydd i ganmol pan fydden ni'n cael rhywbeth yn iawn.

Mi gefais y fraint o fod mewn deialogau efo Sion a Llion hefyd o dan ei chyfarwyddyd, a dod i ddeall sut i berfformio'n gyhoeddus a chael blas ar hynny. Un o'r perfformiadau sydd yn aros yn y cof ydi gorfod portreadu Ann Griffiths mewn deialog. Mor falch oedd y ddwy ohonon ni o ddarllen " Mor braf clywed y Bowyseg ar y llwyfan" yn y feirniadaeth. Ond wrth gwrs, roedd gen i'r athrawes orau i'm hyfforddi i ddweud pob dim yn iawn. O edrych yn ôl, roedd cael portreadu un o arwresau mwyaf Anti Mair yn dipyn o fraint, er nad oeddwn yn llawn sylweddoli hynny ar y pryd.

Tua'r un pryd, roedd Sion, Llion a finne yn mynd efo Anti Mair a Mr Jones i gadw nosweithiau yma ac acw. Canu, actio, llefaru fydden ni'n ei wneud. Mawr fyddai'r difyrrwch pan fyddai pobl yn edrych ar y ferch fach â gwawr goch i'w gwallt oedd yn siarad llawer, yn deud 'A hon 'di'r ferch ie Mair?'
Mi gawson ni hefyd gymryd rhan mewn perfformiad i gofio am Nansi Richards fel plant. Dwi'n siwr fod Anti Mair yn falch iawn ein bod ynghlwm â phortreadu un arall o'i harwresau.

Cael bod ochr yn ochr â hi wedyn wrth iddi barhau i hyfforddi a rhoi cyfleoedd anhygoel i blant Ysgol y Parc tra'r oeddwn i'n Bennaeth. Pan fyddwn i ar ddylestwydd ar yr iard cyn naw, byddwn yn clywed sŵn ffenest yn agor. O edrych i fyny, Anti Mair oedd yno yn gweiddi o ffenest ei llofft " Pryd allai ddod heddiw i bracdisio?" Doedd codi'n gynnar ddim yn un o'i chryfderdau! Roeddwn i'n aml yn bresennol yn yr ymarferion, boed yn ddrama neu yn barti llefaru neu yn ymgom. A da hynny, gan i Anti Mair ein gadael i fynd i gystadlu i Gaerdydd yn 2009 ar yr ymgom hebddi. Ond wnaeth hi ddim ein gadael heb fod wedi paratoi yn drylwyr. Bu'n rhaid ei ffonio i ddeud fod y bechgyn wedi cael y wobr gyntaf gan ei bod hi a Mr Jones ar crŵs ar y pryd!

Roedd ein partneriaeth yn gweithio'n dda. Fi oedd yn gneud yn siwr fod pawb yn gwrando ac yn byhafio gan adael i Anti Mair boeni am y perfformio. A'r fath brofiad i blant y Parc! "Peidiwch a throi'ch cefn ar y gynulleidfa, peidiwch ag edrych ar y gynulleidfa a gwae chi os byddwch chi'n giglo ar y llwyfan!"

Cyn cychwyn perfformio, y cyfarwyddiadau fyddai "Pawb ar ddeg gewin heno!"

Ac mae'n debyg i'r geiriau gael effaith gan i blant y Parc gael y wobr gyntaf yn Eisteddfod y Bala am ein perfformiad o Tryweryn, gan guro Glanaethwy. Pa sawl plentyn fagwyd yn y Parc all ddiolch i Anti Mair am ein dysgu ni i lwyfannu ac i fod â hyder i gymryd rhan yn gyhoeddus? A hynny yn bennaf am fod ganddi hi hyder a ffydd ymhob **un** ohonon ni. A'i dawn i wybod pryd, sut a beth i'w wneud ar lwyfan wrth gwrs yn ysbrydoliaeth i ni gyd.

Ei hymroddiad i'w hardal barodd iddi dderbyn gwobr T.H. Parry Williams yn Eisteddfod Caerdydd 2008. Roedd yn gydnabyddiaeth o'i gwasanaeth ym myd llefaru a drama ymhlith pobl ifainc, yn hyrwyddo llefaru a drama gan hyfforddi sawl parti, cwmni ac unigolion ar gyfer eisteddfodau'r Urdd, Powys a'r Genedlaethol heb sôn am basiantau a gwyliau drama. A'r ffaith ei bod yn beirniadu llefaru a dramâu ar hyd a lled y wlad hefyd.

Ar adegau fel hyn, mi fydd rhywun yn gwerthfawrogi pethau roedd rhywun wedi eu cymryd yn ganiataol ar y pryd. Erbyn heddiw, rydw i'n gallu gwerthfawrogi mor lwcus oedden ni fod Anti Mair yn byw yn y Parc a'r profiadau arbennig gawson ni o'i herwydd hi. Mae "Seidr ddoe yn troi'n siampên'.

Den ni i gyd yn gyfarwydd â chlywed am ysgolion perfformio fel Glanaethwy ac Anterliwt sydd yn adnoddau gwerthfawr tu hwnt i roi cyfleodd i bobl ifanc yn eu cymunedau. Roedd gynnon ni Anti Mair. Diolch amdani.

Watsia di dy Glocs!

MERERID, EUROS, IOLO, FFUON A GUTO

Ie, 'Watsia di dy glocs' – rhybudd terfynol Dad ar ddiwedd cerydd. Gwyddem o glywed y geiriau yma fod yn rhaid gwrando. Doedden ni'n pump ddim yn angylion, ac weithiau roedd yn rhaid cadw trefn, ond doedd Dad ddim yn dweud y drefn yn aml – roedd un edrychiad blin yn ddigon fel arfer i'n tynnu at ein coed a'n stanshio. Roedd yn ddisgyblwr cadarn ond teg a doedd wiw i ni brotestio neu ateb yn ôl. Gwyddem nad oedd pwrpas swnian a cheisio newid meddwl Dad gan ei fod mor benderfynol. Nid oeddem yn rhy hoff, ar achlysuron prin, pan oedd Dad yn ein gwarchod er mwyn i Mam gael mynd i gyfarfodydd Merched y Wawr. Roedd yn bosib gohirio rhywfaint ar amser mynd i'r gwely gyda Mam drwy ddechrau trafod a sgwrsio neu ofyn am un stori arall – ond roedd hi'n fater gwahanol iawn gyda Dad. Roedd amser gwely yn golygu amser gwely. Mae'n siwr ei fod yn ysu am dawelwch i gael gorffen rhyw groesair neu osodiad Cerdd Dant.

Oedd, roedd yn gallu edrych yn flin, ond roedd fflach o'i lygaid gleision direidus i'w weld yn amlach na pheidio. Roedd yn beryg bywyd gyda chamera – ychydig iawn o luniau call o'r teulu sydd ar gael. Un ai roedd yn tynnu llun yn ddiarwybod a neb yn edrych ar ei orau neu yn gwneud y ffasiwn wynebau fel ein bod yn chwerthin fel ffyliaid.

Un o'i hoff ddyddiau oedd Ebrill y cyntaf – diwrnod ffŵl Ebrill wrth gwrs. Doedd wybod beth fyddai wedi ei gynllunio ar gyfer y diwrnod arbennig yma, a'i uchelgais flynyddol oedd gwneud ffŵl o bawb. Un flwyddyn roedd Mam yn ei gwely'n cysgu'n braf a Dad wedi mynd allan i olwg y defaid. Yn sydyn,

Teulu Styllen ar achlysur Priodas Aur Dan a Lona, 2012. (ch-dd) Ffion, Guto, Iolo, Euros, Mererid.
LLUN EVAN L. DOBSON

bloedd o waelod y grisiau "Cwyd Sian, mae'n han'di naw". Mam yn neidio allan o'i gwely a rhuthro lawr y grisiau ac yn methu deall ei bod wedi cysgu mor hwyr. Dim golwg o Dad yn unman dim ond chwaraewr casét a'r tâp yn dal i droi, ac o edrych ar y cloc, dim ond hanner awr wedi saith oedd hi! Roedd Dad wedi recordio'i hun noson cynt a rhoi'r tâp casét i chwarae cyn mynd allan. Bu sawl ymgais aflwyddiannus gennym ni i geisio gwneud ffŵl ohono fo, ond roedd yn llawer rhy gyfrwys i gael ei ddal. Roedd yn cael cymaint o bleser yn ein haflwyddiannau ni ac o'i lwyddiannau ei hun. Roedd y wên ar ei wyneb yn dweud y cwbl. Y peth saffa a challaf oedd osgoi Dad trwy'r bore ar y diwrnod arbennig yma.

Roedd yn tynnu coes a chael hwyl gyda phawb a ymwelai â Styllen; teulu ehangach, ffrindiau'r teulu, ein ffrindiau ni'r plant, cariadon, a doedd ambell un ddim yn siŵr sut i ymateb i'w hiwmor o i ddechrau ac yn swil a thawel iawn nes iddynt ddeall fod Dad wrth ei fodd yn cael ymateb, yn enwedig ymateb bachog a oedd yn tynnu ei goes yntau. Roedd yna hen chwerthin wrth i'r tynnu coes ddatblygu i fod yn ornest. Ychydig iawn o bobl fyddai'n cael y gair olaf gan fod yna elfen go gystadleuol yn Dad ac am gael y gorau ar bawb.

Ar wahân i fynd i'r Eisteddfod, dim ond dau wyliau gawsom ni fel teulu. Y cyntaf oedd benthyg carafan a phabell a'i chychwyn hi am Henffordd heb drefnu lle i aros, a Dad yn sicr y câi rywle i barcio'r garafan! Troi oddi ar y ffordd fawr a tharo ar ffermwr clên oedd yn fodlon i ni wersylla yn ei gae am wythnos. Roedd y ffermwr yn ofalus iawn ohonom ac yn galw heibio am sgwrs a phaned gyda'r nos. Bu'n wythnos braf iawn yn byw yn rhydd mewn cae a chael y profiad newydd o brofi bwyd Tseiniaidd bron bob nos. Roedd dad a pherchennog y 'take away' wedi dod yn dipyn o ffrindiau a chafodd hwnnw ei drwytho yn rhagoriaethau Cymru a'i phobl. Dros ddeng mlynedd yn ddiweddarach galwodd y ffermwr clên heibio Styllen gyda'i wraig newydd. Roedd wedi priodi Cymraes ac yn falch iawn o hynny.

Mynd i Iwerddon yn nechrau'r 80au oedd yr ail wyliau, ein gwyliau olaf fel teulu, ac aros mewn bwthyn yn An Spideal, ger Galway – y 'Volvo estate' yn gwegian dan bwysau pump o blant, dau oedolyn a bagiau dillad pawb. Buom yn crwydro o amgylch ardal Galway yn dilyn ein trwynau gan daro ar gymeriadau diddorol oedd yn edrych ar fywyd mewn ffordd wahanol iawn i ni. Roedd Dad yn ei elfen ac wrth ei fodd yn sgwrsio a gwrando ar straeon y cymeriadau unigryw a lliwgar yma. Fel y ffermwr a gychwynai yn foreol i odro'i fuwch yn un o'r ffriddoedd wrth ymyl pentref An Spideal. Cwyno oedd y ffermwr ei fod yn cael cerydd gan ei wraig yn ddyddiol am ei fod mor hwyr yn cyrraedd yn ôl gyda'r llaeth. Roedd yn aros i sgwrsio gyda phawb a welai a ddim adref yn aml tan amser cinio a'r llaeth wedi suro a'r wraig yn gorfod mynd i'r siop i brynu llaeth. Sôn am chwerthin wrth i Dad adrodd yr hanes. Dwi'n amau fod gwaed Gwyddelig rhywle yn ei wythiennau!

Fel amaethwr roedd yn hoff iawn o anifeiliaid. Cawsom ein dysgu i fod yn garedig tuag at anifeiliaid ar wahân i un anifail. Cathod! – casineb llwyr. Roedd sawl cath wedi cael trochfa o ddŵr wrth iddi rwbio ei phawen yn y ffenestr. Doedd wiw i ni feddwl dod â'r run gath yn agos i'r tŷ..... ond pan oedd y Volvo wrth y giat gyntaf yn cludo Dad i ryw ymarfer neu gyfarfod roedd un ohonom yn hel Harri Parri Puw, y gath i'r tŷ. Y gath wrth ei fodd yn gorfeddian o flaen y tân, yn hel mwythau ar y soffa, yn cael llond ei fol o ddanteithion – ond y cwbl yn dod i ben ar amrantiad wrth glywed y Volvo a'i berchennog yn dychwelyd. Sgrialu wedyn i hel y gath allan trwy'r drws ffrynt cyn i Dad ddod i mewn trwy'r drws cefn. Ar rai achlysuron, yn anffodus, nid oeddem yn llwyddo i gael gwared o'r gath bob tro. Daeth uchafbwynt i helynt y cathod pan ddaliodd Dad y gath yn y tŷ a ninnau, gan gynnwys Mam, yn ceisio cael gafael yn y gath i fynd â fo allan, a Dad yn mynd yn flinach, a'r gath yn mynd yn wylltach wrth i'w lais godi a'r daran o gwestiwn blin 'Y fi neu'r gath?' Roedd yna rhyw gythrel ynon ni awydd dweud 'y gath.'

Yng nghanol yr Wythdegau prynodd dad 'Land Rover'. Dwi'm yn siwr pa mor saff oedd ffyrdd Parc a'r cyffiniau wedyn gan ei fod yn yrrwr go wyllt. Un peth oedd yn rhoi boddhad iddo oedd gwylio gyrrwyr traffordd yn ceisio bacio'n ôl ar ffyrdd culion yr ardal. Doedd dim trugaredd, a chafodd sawl un fraw wrth weld 'Land Rover' yn gyrru'n wyllt tuag atynt. Un tro daeth car i'w gyfarfod ar ffordd gul i'r Parc ac fel gŵr bonheddig fe dynnodd i'r ochr i adael i'r car fynd heibio ond nid oedd gyrwraig y car yn hapus iawn gan na thybiai fod digon o le i'w char basio'n saff. Amneidiodd ar i Dad facio yn ôl i fan lletach ac amneidiodd Dad yn ôl arni fod digon o le iddi basio. Gwrthododd gyrwraig y car symud. Wedi eistedd yno am bum munud yn edrych ar ei gilydd penderfynodd Dad fynd allan o'r 'Land Rover' ei chloi a chychwyn cerdded am adre. Wedi mynd rownd y gornel roedd hen sbecian a chwerthin wrth wylio'r car yn llusgo'n araf heibio'r Land Rover..... doedd gan y wraig druan ddim dewis ond mentro.

Ond roedd ochr ddifrifol i Dad. Pan oedd yn chwarae cardiau gyda ni o flaen tân ar noson o aeaf, roedd pob gêm yn bwysig, a rhaid oedd canolbwyntio, a'i uchelgais o oedd ennill yn ddi-ffael – yr hyn oedd yn digwydd yn amlach na pheidio. Bu raid i ni ddysgu colli yn ifanc iawn – gwers bwysig iawn mewn bywyd.

Roedd ganddo ddiddordeb mawr mewn hel achau'r teulu. Roedd yn gwybod sut roedd pawb yn perthyn i'w gilydd ac yn adrodd hanesion yn fynych am y cymeriadau hyn. Yn amlach na pheidio roedd teithiau prin teuluol ar bnawniau Sadwrn heulog yn yr haf yn ein harwain at rhyw fynwent, megis Llanfachreth, ger Dolgellau i chwilio am fedd rhyw hen, hen ewythr neu hen fodryb..... a ninnau heb unrhyw ddiddordeb mewn hel achau. Mynwent arall a ddaeth â sawl taith i ben oedd mynwent Hermon, y man mwyaf heddychlon, a olygai lawer i ni fel teulu lle claddwyd nifer fawr o'n perthnasau.

Fel plant ni allem lai na rhyfeddu at ddawn fathemategol Dad. Doedd dim angen cyfrifiannell pan oedd Dad o gwmpas.

Roedd yn gosod tasg fathemategol i ni'n aml ac roedd yn rhaid datrys y dasg yn y pen. Roedd ganddo'r gallu i ddatrys problemau a chynllunio datrysiadau. Cafodd gyfnod o brynu llyfrau pôs 'Logic Problems' a oedd yn rhoi boddhad mawr iddo wrth ddatrys y posau anodd a oedd yn gwbl annaealladwy i ni. Weithiau diflannai i'r tŷ gan ei fod yn ysu am orffen un o'r posau yn ei lyfr 'Logic Problems'. Roedd yn ffordd o gadw'r meddwl yn ifanc ac yn weithgar a bu'n creu posau datrysiadau i Pethe Penllyn am flynyddoedd.

Yn fynych byddai wrthi'n trwsio rhyw gerbyd neu'n creu rhyw declyn ar y fferm ac yn ein hannog ni i gymryd diddordeb – o ddal sbanar i nôl rhyw erfyn, neu gael gwers ar sut roedd peiriant yn gweithio. Wrth ddefnyddio gwahanol arfau roedd yn bathu enwau Cymraeg arnynt e.e 'sbannar fynd a dod' am 'adjustable wrench'. Roedd wrth 'i fodd yn y gweithdy, ond doedd o ddim y taclusaf wrth gadw pethau ac un ohonon ni fel arfer fyddai'n cael y bai am golli rhyw erfyn – 'Wedi benthyg a heb 'i gadw yn ôl yn ei le!'

Nodwedd arbennig oedd ganddo oedd ei gof am ffeithiau, hanes teulu a'i gynefin. Roedd y sgwrs yn ddiddorol a doniol yn aml gan fod ganddo stôr o straeon ffraeth a'r gallu i'w hadrodd yn ddifyr a hwyliog. Roedd prydau bwyd yn gyfle i gael sgwrs a thrafod digwyddiadau ar y fferm, yn y Parc neu ymhellach. Fe wnaethom ddysgu llawer a thynnu coes wrth ymddiddan wrth fwrdd y gegin a mawr oedd y chwerthin. Cafwyd peth wmbreth o swperau yng nghwmni cymdogion, ffrindiau a theulu am flynyddoedd a'r nosweithiau yn mynd ymlaen tan oriau mân y bore gan amlaf wrth i Dad adrodd stori am ryw gymeriad neu ddweud jôc.

Pan oedden ni'n blant mae'n siwr nad oeddem yn sylweddoli fod Dad yn gymeriad eithaf unigryw, gyda'i ddywediadau bachog a'r tynnu coes a oedd yn aml yn ddi-drugaredd. Dad oedd o i ni. Yn blant wnaethon ni erioed feddwl ei fod yn rhan o fywydau – ac wedi dylanwadu – ar gymaint o Gerdd Dantwyr. Roedd hyn yn rhan o'n bywyd ni – unigolion yn cael hyfforddiant ar yr aelwyd, Dad yn mynd i ymarfer partïon Cerdd Dant, heb sôn am yr oriau wrthi'n gosod. Roedd y cwbl yn normal i ni ac yn ddiarwybod yn rhan o wead ein magwraeth. Bu'n arweinydd partïon, corau, Seindorf Arian y Bala ond hefyd fe gawsom ninnau arweiniad ganddo. Cawsom arweiniad cadarn i werthfawrogi ein hardal, hunaniaeth, diwylliant a'n hetifeddiaeth ac i fod mor falch o'n Cymreictod. Arweiniad i barchu ac i fod yn gadarn ein daliadau. Rhoddodd arweiniad crefyddol ac ysbrydol i ni, ac wrth gwrs arweiniad ar y grefft o dynnu coes. Cafwyd y cyfle a chefnogaeth ganddo i fod yn ni ein hunain. Dyma beth sydd wedi'n mowldio ni'n pump i fod yn ni. Mae'r arweiniad yma wedi ein cyfeirio ar hyd llwybrau ein bywydau ac yn dal yn ddwfn yn ein hisymwybod.

Dan a Lona'n dathlu eu priodas arian yn 1987

Dan a Lona'n dathlu eu Priodas Ruddem yn 2002

Dan yn bedwar ugain yn 2014   LLUN EVAN L. DOBSON

Atgofion

SION PENNANT

Dydi rhywun ddim yn sylweddoli'n aml beth sy' ganddo nes mae'n ei golli. Felly roedd hi arna i. Wrth gychwyn am fywyd newydd myfyriwr yng Nghaerdydd, yn llencyn deunaw oed, yn rebel stêm-pync a ddyheai i ddianc o grafangau plentyndod; dim ond mynd heibio'r Garneddwen oeddem ni – a fy nhad yn cynhesu i'w ddarlith, yn amcangyfrif y gost wythnosol o ysmygu – pan y sylwais pa mor wyrdd oedd y wlad o'n cwmpas, ac na fyddwn i'n debyg o weld y fath wyrddni am bron i flwyddyn pan ddychwelwn am wyliau'r haf. Roedd y deunaw mlynedd a dreuliais yn garcharor rhwng yr Arenig a'r Berwyn wedi gadael eu marc, a roedd yna ysfa wedi bod yn tyfu y tu mewn i mi ers amser i ledaenu fy adenydd. Ond nawr, wrth i'r wawr dorri ar fy rhyddid, wrth i ddrws y gell gael ei datgloi, sylweddolwn bod gan y fro dawel yma yng nghalon Meirionnydd fwy o afael arnaf nag a feddyliais.

Doedd hi ddim bob amser yn hawdd bod yn fab i ddau athro yn y Parc. Roeddwn i'n un o ychydig iawn o blant yr ysgol gynradd nad oedd yn dod o gefndir amaethyddol, ac er i mi wneud fy siâr o gario, stacio a lapio bêls (mawr a bach) ar sawl cynhaeaf, roedd trafodaethau ffermio dyddiol fy nghyd-ddisgyblion yn anochel yn fy nghadw ar y cyrion. Ac yna, wedi trosglwyddiad unig a thrawmatig i'r ysgol uwchradd, 'josgin' oeddwn i i hogie tre'r Bala. Weithiau, fedrwch chi ddim ennill. Tybiwn nad oedd y llond dwrn o wobrau am ganu unawd bechgyn, llefaru (neu adrodd, fel oedd o bryd hynny) a chanu cerdd dant wedi gwneud unrhyw les i fy strît-cred i chwaith. Felly, gyda rhyw gymysgedd ryfedd o hiraeth a dyhead am adael cwm Glan Llafar y syllwn i ar ddail ir coed y Garneddwen yn hwylio heibio i ffenestr y car y diwrnod hwnnw.

Ar Mam oedd y bai. Am y canu a'r llefaru. Hi oedd yn fy 'ngorfodi' i'r ymarferion diflas a dorrai ar fy mhrosiectau technegol o gynllunio peiriannau neu bontydd Lego©, dyrnu drymiau, neu adeiladu zip-wire, argae neu olwyn ddŵr yng ngheunant Rhyd-yr-efail. Doedd hi ddim yn medru canu ei hun (er ei bod yn hymian rhyw emyn neu gân rownd y tŷ'n dragywydd), felly pam 'mod i'n gorfod gwneud? Ond roedd raid cefnogi'r 'pethe'. Yr eisteddfodau lleol, a rhai Sir Drefaldwyn (Eisteddfod Powys, Llanrhaeadr-ym-mochnant, Llanwddyn) yn ogystal â'r Urdd a Gŵyl yr Ysgol Sul. Roedd y Pasg yn rhyw benllanw hunllefus. Eisteddfod Llandderfel drwy ddydd Gwener y Groglith, gyda'i munud o dawelwch am dri y prynhawn. Fe gaem ddiwrnod o orffwys ddydd Sadwrn, cyn marathon tair oedfa ddydd Sul. Yna diwrnod llawn arall o eisteddfota yng nghapel Talybont, Rhyduchaf ddydd Llun y Pasg. O leia roedd yna siop ar un cyfnod yn Rhyduchaf (ble medrai rhywun wario'i wobrau ar chwarter o pineapple chunks neu gob stoppers), a festri yn llawn danteithion; ond doedd pethau ddim cystal yn Llandderfel. Yn aml, byddai un, neu'r ddau o fy rhieni yn arwain un neu fwy o sesiynau'r eisteddfodau lleol yma a olygai y byddai raid i ni aros yno am oriau maith, weithiau hyd oriau mân y bore.

Ac nid yn unig mewn eisteddfodau roedd raid i ni berfformio chwaith. Roedd digon o weithgareddau yn digwydd yn y Parc ble byddem yn gorfod gwneud rhyw fath o berfformiad neu'i gilydd. Ac roedd 'cadw noson' – ble roedd y teulu cyfan yn perfformio i lond neuadd o aelodau Merched y Wawr neu ryw gymdeithas yn rhywle – yn achlysur pur gyson, gyda'r perfformiadau yn stretshio i gyfeiliant ar y gitâr gan fy nhad hyd yn oed. Ond doedd y 'cadw nosweithiau' yma ddim yn ddrwg i gyd. O leiaf roedd gwledd ar ein cyfer wedi pob un, a chaniatâd di-amod i fwyta cymaint o gaws, crisps (fyddai'n ddi-ffael mewn powlen fawr yn llawn gwahanol flasau wedi eu

Cwm Celyn haf sych 1976

cymysgu) a chacennau lemon melyn wedi eu plastro â haen galed o siwgr. Er y byddai yna orchymyn i fwyta o leiaf un o'r brechdanau tiwna drewllyd neu un o'r rhai cig-a-thomato, fe fyddwn i'n cael fy esgusodi ar yr achlysuron hyn wedi i ni wneud sioe "reit ddê". Na, doedd y perfformio ddim yn rhy ddrwg – hyd yn oed mewn eisteddfodau. Yr ymarferion oedd y bwgan.

Wedi meddwl, roedd hi'n syndod mod i wedi gwneud cystal am ganu. Ymarfer adre gyda chyfeiliant Mam ar y piano wnawn i. Er ei nifer talentau, doedd chwarae'r piano ddim yn un ohonynt, mwy nag oedd chwarae'r gitâr yn dalent a feddai Dad. Efallai, pan ddeuai hi'n ddiwrnod yr eisteddfod, mod i'n cael llwyddiant yn aml gan fod y cyfeiliant gymaint gwell yno nag yn yr ymarferion!

Oedd, roedd hi'n hen bryd i mi ffoi.

Prysurdeb. Dyma un gair i ddisgrifio bywyd gartref yn y Parc pan oeddwn i'n ifanc. Mewn cymuned ble roedd pawb yn adnabod ei gilydd, doedd dim llawer o lonydd. Byddai rhywun yn galw heibio, neu'n ffonio drwy'r amser. Yn aml iawn, galwadau ar gyfer trefnu rhyw ddigwyddiad neu ddyddiad pregethu fyddai'r rhan fwyaf o'r sgyrsiau ffôn, ond fe fyddai yna ddigon o alwadau am sgwrs hefyd. Un galwr cyson am sgwrs oedd modryb Mam – Anti Dilys. Roedd Mam yn enwog am siarad, ond prin y cai Mam air i mewn i'r sgwrs pan oedd Anti Dilys ar y pen arall. Y cyfan glywem ni fyddai ochr Mam o'r sgwrs, wrth gwrs, ac yn aml iawn doedd hynny'n ddim ond, "O, ydi, ydi!" ac "Ie, ie". Fe ddatblygodd hi'n gêm rhwng fy mrawd a minnau i gyfrif sawl "ie" fyddai Mam yn ei ddweud yn ystod sgwrs pan sylweddolem mai Anti Dilys oedd ar y ffôn. Dw i ddim yn cofio'r record, ond dw i'n amau ei fod rhwng 150 a 200.

Roedd manteision i'r bywyd prysur hwn. Os oedd rhywun draw am drafodaeth neu bwyllgor neu rhyw ymarfer, fe fyddai siawns y byddai Mam yn anghofio ein gyrru i'r gwely, ac fe fyddai yna gacen neu fisgedi neu rhyw ddanteithion eraill yn sbâr o'r baned angenrheidiol fyddai'n anorfod i hwyluso'r gweithgaredd. Fe fyddem yn elwa'n bur aml!

Roedd ymarferion yn y stafell fyw yn medru bod yn ddigwyddiadau eithaf diddorol. Roedd y cyfle i glywed Mam yn dweud "Nacie, nacie!" wrth rywun arall – oedd weithiau'n oedolyn – yn destun peth diddanwch, ac roedd ymarferion drama mewn gwagle mor fach yn medru bod yn bethau eitha digri. Weithiau, wrth gwrs, byddem ninnau'n rhan o'r ymarfer – wedi cael ein perswadio / gorfodi i wneud rhyw eitem ar gyfer rhywbeth, fyddai'n rhoi'r hawl i ni fynnu ein hestyniad cyn y gwely, a'n sleisen o gacen felen yn haeddiannol.

Er doniolwch rhai o'r ymarferion, roedd safon bob amser i'r cynnyrch gorffenedig, boed hi'n gân gerdd dant gen i, neu'n ddrama gan Gwmni Drama'r Parc. Nid ar chwarae bach mae safon yn datblygu, wrth gwrs, ond wedi llawer i "Nacie, nacie!" a "Rŵan, g'na fo eto!" o dipyn i beth, fe ddeuai i'r golwg fel rhyw wawr yn torri, ac fe ddeuai synnwyr i'r darn.

Rheolau syml oedden nhw. Peidio cymryd gwynt ynghanol brawddeg. Peidio rhoi pwyslais ar eiriau fel 'a' ac 'yn'. Peidio bacio 'nôl ar lwyfan. Siarad gyda mynegiant. Bod yn naturiol, yn gredadwy. Dyna'r cyfan. A gwae neb na fyddai'n gwrando arni! Doedd gan Mam ddim ofn dweud y drefn wrth neb. Nodwedd athrawes, neu unig blentyn? Dw i'n dal i bendroni. Fodd bynnag, roedd hyn yn help mawr i sicrhau'r safon yna grybwyllais eisoes. Fe gefais i, ac ambell un arall fin ei thafod aml i waith.

Mae gen i gof o ddechrau yn Ysgol y Parc, ac ambell i un o'r bechgyn oedd rai blynyddoedd yn hŷn na mi yn penderfynu rhoi sylw arbennig i fab y prifathro oedd newydd ddechrau'r ysgol.

Does gen i ddim cof iddyn nhw wneud llawer o ddim i mi, dim ond fy ymlid o gwmpas yr iard, ond – yn anffodus iddyn nhw – roedd Mam yn dyst i'r ymlid yma wrth iddi edrych allan drwy ffenest ystafell fyw y tŷ, sy'n rhoi golygfa ysblennydd o iard yr ysgol i'w drigolion. Allan â hi gyda chyllell, a'i chwifio o flaen trwyn arweinydd y criw wrth iddi ei siarsio, heb amheuaeth nad oedd hi isio'i weld o yn "rhedeg ar ôl fy mêb i rownd yr iard 'ma eto!" Cyllell fwrdd, gyda blaen crwn, oedd yn digwydd bod yn ei llaw – dw i'n cymryd – oedd hi, ond fe wnaeth adael argraff. Wnaeth neb feiddio rhedeg ar fy ôl i wedyn.

Ond er holl ddyheadau ein mamau i'n diogelu, tyfu wnawn ni, a gyda'r datblygiad yna y daw rhyw amheuon bod yna rhyw fan gwyn fan draw. Rhyw fyd y tu hwnt i'r cwm. Rhyw ddrws cilagored.

Ai'r holl ymarferion llefaru oedd o? Ai'r ddefod wythnosol o fynychu'r capel? Yr anghydnawsedd rhwng chwarae'r drymiau a cherdd dant? Neu deimlad nad oedd dyfodol i mi yno bellach? Wn i ddim. Y cyfan, neu'r un o'r uchod. Ond mynd oedd raid. Ac mae hi wedi cymryd o'r foment honno ar y Garneddwen hyd heddiw i mi sylweddoli'r hyn rwy'n ei golli.

Pen edrychaf yn ôl heddiw, doedd dim plentyndod gwell i'w gael na'r un gawsom ni yn y Parc. Dyddiau o haf â chri'r gylfinir i'w chlywed o rywle ger Pentre Cerrig bob bore. Gemau cowboi epig hyd Llwybr Coed. Eira cystal â'r rhai yn storïau Dylan Thomas, a noswaith bob blwyddyn o ganu carolau gyda'r Aelwyd – pawb yn llithro'n dawel o gefnau agored confoi o Land Rovers cyn sleifio'n llechwraidd i ffurfio côr pedwar llais cystal a gaech chi mewn unrhyw steddfod, dan arweiniad Dan Puw. Yr holl ddiwylliant yna y tyfais i fod yn rhy cŵl o lawer iddo – rwyf nawr yn sylweddoli cymaint trysor oedd. Fe gefais fy magu yn ei ganol heb sylweddoli ei werth, nes i mi adael. I Mam, Dan Puw a nifer o rai eraill mae fy nyled.

Ac wrth i mi ddychwelyd i'r Parc heddiw, a syllu allan ar iard yr ysgol o ffenest y tŷ, gan sylwi bod y plant wedi cael eu hamnewid am fwsog, mi fyddaf yn teimlo'n ddiolchgar i fod adref.

*Blackpool 1967 efo dau fwnci!
Cafwyd rhai gwell ar ol priodi!!*

*Carafanio yng Nghernyw,
Gwyliau haf 1977*

Carafanio Baddondy Rhufeinig Caerfaddon

Hynaws Arwrol Ewythr

GARETH PIERCE

Wrth ymweld â Styllen yn blentyn bach y des i'n ymwybodol bod gen i Ewythr yn ei ugeiniau cynnar oedd mor ddifyr a direidus – yn gwneud pethau doniol gyda'r trombôn ac allan yn chwarae gyda ni ar ein beics. Yn gyfochrog â hynny, roedd hefyd wrth gwrs yn mynd i'r capel a'r ysgol Sul ac yn cymryd rhan yn y "ddyletswydd deulol" o gwmpas y bwrdd brecwast, lle byddai pawb yn ei dro yn darllen o'r ysgrythur neu offrymu gweddi fer. Roedd defosiwn a direidi yn cydfyw yn Styllen, ac yn arbennig ym mhersonoliaeth fy Ewythr.

Yn Styllen 1953, Dan a'r ast ddefaid hoff Neli Peli fu bron a gwneud iddo dynghedu i aros yn hen lanc!

Yn y cyfnod hwnnw y byddai Dan wedi dweud wrthyf na allai ragweld ei hun yn priodi byth, gan na allai ddychmygu y byddai unrhyw wraig yn fodlon caniatau i'w hoff ast fach, Neli Peli, gael dod mewn i'r tŷ! Diolch byth bod y safbwynt athronyddol hwnnw wedi newid yn fuan wedyn, gan fod y bartneriaeth lawen rhwng Dan a Lona wedi cyfoethogi bywydau cynifer ohonom. Mae Dan wedi rhoi'r clod dyledus i Lona am lawer iawn o bethau, gan gynnwys ei hannog i gywain criw o fechgyn yr ardal at ei gilydd, ddaeth maes o law yn Feibion Llywarch.

Daeth adeg pan oedd werth i F'ewythr fuddsoddi ei amser a'i amynedd er mwyn rhoi ei nai ar ben y ffordd o ran rhoi sylw i'r anifeiliaid, gyrru tractor a defnyddio prif beiriannau'r fferm. Am ryw wyth mlynedd hyd at haf 1975, fe ges i'r fraint o fod yn gydymaith lled gyson i Dan yn ystod y gwyliau haf o'r ysgol a'r coleg. Byddai llythyr at y "syn-fyfyriwr" yn cyrraedd ddechrau'r haf yn cadarnhau pryd y disgwylid y "pladurwr" (chwedl taid Arenig), gan addo'r croeso gwresog arferol gan fy Modryb ac y byddai Dan yntau yn fy nghasglu o Ddolgellau os mai hwnnw oedd y man pellaf y cyrhaeddai'r bws o'r deheubarth cyn nos.

Yn y cyfnod hwn y des i werthfawrogi dyfeisgarwch, medrusrwydd, menter a dycnwch fy Ewythr – dyma'r cyfnod o adeiladu'r sied newydd yn Styllen, gan gynnwys pit silwair, fwy neu lai drwy ei nerth bôn braich ei hun, a chreu ffrâm ac ochrau addas i'r trelar silwair (y gellid eu tynnu er mwyn defnyddio'r trelar at bwrpasau eraill). Roedd hyn wedi golygu oriau o dorri, drilio a weldio metel, heb son am osod y *breezeblocks* a gwastadhau llwythi o goncrid *ready-mix*. Er falle byddai yna iaith goeth ambell dro, roedd hefyd fathu termau ar gyfer y peiriannau – y "poerwr" oedd y *forage harvester* oedd yn poeri'r gwair mewn i'r trelar, y "pry copyn" oedd y teclyn gyda'r bedair olwyn bigog i droi neu ystodi'r gwair, a'r "twrch" oedd y *Mole wrench*.

Ymddangosai i mi bod Dan yn gallu datrys pob problem gydag anifail neu beiriant, a byddwn yn tueddu i gredu bod pob peiriant ac anifail yn bihafio llawer yn well i Dan nag i mi. Un noson tua'r Nadolig roedd Dan wedi mynd i Lerpwl i berfformiad o'r Messiah (efallai ei fod wedi bod yn gwerthu coed Nadolig yno hefyd – sef menter arall ar un adeg). Roeddwn wedi cael fy ngadael yng ngofal y buchod yn y beudy, gydag un ohonynt ar fin geni llo. Wedi i'r llo gyrraedd, cafwyd cryn drafferth i'w gael i ddechrau sugno, er ymdrechion fy Modryb hefyd. Mwyaf yr ymdrech, mwyaf y cynhyrfai'r fuwch, ac yn ein siom bu raid aros ar ein traed tan yr oriau mân er mwyn rhoi gwybod i Dan am y llo oedd yn gwrthod sugno. Wrth gwrs, dim ond i Dan fynd i'r golwg ac roedd y llo bach yn sugno'n syth!

*Gareth Pierce gyda'i 'hynaws, arwrol ewythr' ym mhriodas
Iolo a Dona yn Rhagfyr 2008*

Roedd haelioni fy Ewythr yn helaeth – byddwn nid yn unig yn cael cynnig benthyg cerbyd bob nos Sadwrn ar gyfer mwynhau noson allan, ond cael benthyg y fan Transit i fynd i Eisteddfod Hwlffordd (1972). Ond erbyn cyrraedd Rhydymain roedd y fan wedi torri i lawr, heb unrhyw reswm amlwg o gwbl, ac felly roedd rhaid ffonio i Styllen a cheisio disgrifio natur y broblem. O fewn yr awr, roedd Dan wedi cyrraedd Rhydymain gan alw yn y garej yn y Bala ar y ffordd. Roedd wedi penderfynu ar sail yr ychydig wybodaeth mai'r *condenser* oedd y broblem debygol, a'r darn hwnnw eisoes wedi ei brynu yn y Bala – a dyna'r broblem wedi ei datrys ar y cynnig cyntaf.

Roedd rhai o'r peiriannu oedd angen eu trin a'u trwsio yn eitha heriol – ar un adeg roedd angen cael belar sbâr ar gyfer canibaleiddio darnau er mwyn ceisio cadw'r belar gorau i fynd. Ac roedd yno lori lle roedd y ffaith ei bod ddim yn torri lawr yn ddigon o newyddion i Euros yn saith oed sgrifennu llythyr ata i: "Mae'r lorri wedi ei thrwsio ac fe fuodd Dad yn Bala bedair gwaith ac yn Dolgellau ddwy waith a dydi hi ddim wedi torri."

Ond fe ychwanegodd Euros nad oedd y lori wedi bod nôl yn sir Fôn eto – hwn oedd y maen prawf gan mai ar y daith i sir Fôn yr oedd y lori wedi torri lawr yn y lle cyntaf, yn ardal Nant-y-benglog ger Llyn Ogwen, gan greu sefyllfa anghyffredin na allai hyd yn oed Dan ei thrwsio. I mewn yng nghefn y lori ar y pryd roedd tractor, oherwydd hanner pwrpas y daith oedd y byddwn i yn torri'r asgell ar y tir rhent lle roedd y defaid ym Môn tra roedd Dan yn y mart yn gwerthu'r ŵyn y bydden ni wedi eu dethol ben bore – hyn yn adlewyrchu cred Dan yn egwyddorion *time and motion*. Ond gan nad oedd y tractor wedi cael ei drwyddedu ar gyfer y briffordd, rwy'n cofio i ni gael trafodaeth estynedig ar ymyl yr A5 ynghylch pa un ohonom fyddai'n cyflawni'r drosedd o yrru'r tractor a fyddai'n towio'r lori fethedig nôl i'r Bala, a pha un fyddai'n eistedd yn y lori i'w llywio. Byddai oblygiadau economaidd llawer mwy difrifol pe byddai F'ewythr yn cael ei gosbi, tra doedd fawr o wahaniaeth pe byddai un myfyriwr ychwanegol yn y carchar!

Pan fyddai rhywbeth yn mynd o chwith, fyddai Dan byth yn edliw – hyd yn oed y tro hwnnw pan oedd y tractor a'r trelar silwair wedi suddo mewn man gwlyb yng Nghae Merddyn, a minnau wedi gorfod mynd yno i'w dynnu allan gyda thractor arall oedd a'r *buckrake* ar ei gefn. Wedi cydio'r tractorau gyda chadwyn ac agor y throtl yn llawn, tynnwyd Dan a'r trelar silwair allan o'r man gwlyb – ond gan i mi stopio braidd yn rhy fuan, roedd Dan yn dal i ddod tu ôl i mi nes bod pigau'r *buckrake* wedi tyllu *radiator* ei dractor yntau. Er bod hyn wedi golygu cario dŵr i'r *radiator* weddill y diwrnod prysur hwnnw nes bod cyfle i gael *radiator* newydd, fuodd yna erioed edliw fy nghamgymeriad, dim ond ei gyfri fel stori tro trwstan arall.

Wedi i mi atgoffa Dan flynyddoedd wedyn o'n cyd-orchestion ar ei benblwydd ar y 6ed o Orffennaf 1970, pan oedd y concrid *ready-mix* bondigrybwyll yn cyrraedd buarth Styllen ar gyfer llawr y sied a'r pit silwair newydd, daeth e-bost gydag atgofion am benblwyddi'r hanner cant a'r saith deg:

"Ym 1984 roeddwn yn cneifio ym Mryn Ifan, ac wedi gorffen tua amser te, a chan inni weld wrth hel fod yna ddafad wedi 'tapio' ar un o'r creigiau uwchben Llyn Arenig aeth Robin Tomos a finnau a rhaff i'w nôl i lawr. Wedi'r ymdrech – y fi ar y rhaff, a Robin yn dal y pen arall – Gwil Talybont oedd piau hi!

"Yn 2004 trefnwyd te-parti, ond roedd hi bron glawio drwy'r pnawn, ag Edward Plasmadog eisiau belio. Euros wrthi yn rhywle arall wrth gwrs. Cyrhaeddais Lwynmafon pan oedd yr olaf o'r gwahoddedigion (Mererid a Ffuon a'r plant) yn gadael!

"A dyna'r unig atgofion penblwyddawl a feddaf, arwahân i'r piano gael ei ddilifro i Styllen ym 1940, ac i wahoddedigion yr unig barti arall a drefnwyd imi ychydig flynyddoedd yn ddiweddarach fwyta eirin mair yr ardd i gyd (a finnau hefo nhw debyg iawn). Mae'n bur debyg mai dyna'r rheswm na threfnodd mam un arall imi!"

Gwnaeth Dan nodi yn ei gyfrol hunangofiannol ei fod yn ddiolchgar iawn am lawer o bethau: lleoliad a chyfnod ei eni, mewn ffermdy yn ardal ddiwylliedig y Parc, yr arian poced roedd yn ei dderbyn gan ei chwaer fawr Beti wedi iddi hithau ddechrau gweithio – a hefyd yn ddiolchgar am ei iechyd. Yn ddyn ifanc, roedd yn sylweddoli ei fod, fel ei dad, yn tueddu i gael niwed o'r llwch gwair (a'r llwch dyrnu) a roedd yn ddiolchgar iawn bod Dr Gwilym Thomas yn Ysbyty'r Frest, Machynlleth, wedi arbenigo ar drin a gwella'r clefyd, ond cael meddyginiaeth mewn pryd. Ond tua Ionawr 1976 roedd yn llythyru am anhwylderau eraill:

"Mae'r lle 'ma wedi stopio ar hyn o bryd. Mae achos cryf i gredu imi gael cyffyrddiad ysgafn o'r frech Almaenig yr wythnos dwytha! Cyn i mi lawn ad-ennill fy nerth ar ôl honno, fe dynnais gyhyr neu rhywbeth yn fy nghefn. Mae dy fodryb wedi bod yn ymgyfathrachu'n rheolaidd â'r da, ers bron i wythnos, a minnau'n golchi'r llestri a gwneud sglodion tatws i ginio, yn gymysg ag ateb cwestiynau gwirion fel 'Sut mae gollwng handbrec y tractor?'

"Tristwch y sitweshion sefyllfa yw fod pawb yn chwerthin ar fy mhen gan fel yr wyf wedi arafu yn fy symudiadau!! Diamau y daw gwelliant gydag amser a gofal, fel y gwireddir cymal olaf Salm 103, adnod 5."

Nodweddiadol oedd yr himwor, a'r pwyslais cadarnhaol i gloi. Wrth arwyddo ar waelod un llythyr yn ystod ei flynyddoedd olaf, ag inc y beiro ddim cweit wedi para hyd ddiwedd y llofnod, dyma ychwanegu: ".... y feiro, fel finnau, 'di colli gwynt!". Ac mewn llythyrau diweddarach eto: "Rydym ninnau yn dal i fynd, ond arafu braidd yw'r hanes mae arnai ofn, a dim llawer o oleuni ar y gorwel, – hyd yma beth bynnag. Ond daliwn ati!"

Roedd Dan yn ddiolchgar hefyd am yr Ysgol Nos lle bu'n dysgu'r cynganeddion wrth draed y prifardd Euros Bowen. Er i Dan ddod yn ail i Dic Jones unwaith yn Eisteddfod yr Urdd, prin iawn fu ei farddoni eisteddfodol, ond mae'n sôn bod yr hyfforddiant a gafwyd gan Euros wedi bod yn hynod werthfawr wrth fynd i'r afael â gosod ar gyfer Cerdd Dant.

Fe fyddai yna beth ffonio a gohebu rhwng Dan a'i chwiorydd ynghylch materion astrus y gosod neu lunio detholiad. O lythyr at fy mam:

"Tybed ai doeth fyddai i mi rannu o'm barn a'm gwybodaeth ddihysbydd trwy awgrymu dechrau'r pennill gyda 'Am li'r goleuni glannedd' yn hytrach na gyda 'Am ffrwythau a had gwastadedd'. Byddid felly yn ennill un curiad a chychwyn ar ôl 2 yn lle ar ôl 1.... Paid a sôn, bydd yn bleser gennyf bob amser roi gair o gyngor i rai dibrofiad, ac mae gweld partion bach di-nod yn llwyddo ychydig yn ddigon o ddiolch i mi!!" (cyfeiriad at Merched Myrddin mewn cymhariaeth â Pharti'r Brenig fanna).

Roedd gan Dan ddyfyniadau bachog barddonol wrth law ar gyfer pob math o achlysur – un o ddefnydd pur aml o ystyried tywydd hafau Penllyn: "Mae rhyw ddŵr yn ymryddhau, ym malog y cymylau", ac wrth losgi'r grug ar lethrau'r Arenig a'r gwynt yn troi yn ein herbyn, "Awn yn noeth i'r cylch poethlosg".

Mae Gwen Edwards mewn erthygl yn Barn wedi nodi nad oedd Dan yn ganmolwr mawr – "os canwch chi cystal â hyn'na, o leia fyddwch chi ddim yn gwilydd" fyddai o bosib y lefel uchaf o ganmoliaeth. Pe byddwn i, neu Euros wedi hynny (y mab, nid y prifardd), wedi digwydd canmol Dan am ryw gampwaith, y cwpled hwn gan Gwilym Deudraeth fyddai ganddo wrth law: "Caffaeliad amrhisiadwy, yw dyn mawr yn gweld un mwy".

Roedd ganddo hefyd ambell ddyfyniad o farddoniaeth Saesneg – wrth egluro i rywun sut yn union roeddwn i'n cyfrannu i waith y fferm, defnyddiol iawn iddo oedd: "*something between a hindrance and a help*", o'r gerdd hir 'Michael' gan Wordsworth. Ond mae'n debyg i mi wneud mymryn o waith o leiaf, gan y daeth llythyr ataf yn y tymor coleg yn gofyn i mi gyflwyno anfoneb at bwrpas hawlio grant gan y llywodraeth, am:

> "ugain wythnos o waith, yn ol £12 yr wythnos – mae'n debyg y gellid yn deg rannu'r £12 ymhellach: cyflog £1 yr wythnos, bwyd £11 yr wythnos – byddaf yn ddiolchgar o sylw gweddol fuan rhag i ti ddod yma yn y dyfodol agos a chael y bwmbeili yn gwneud ocsiwn".

Un o'r mentrau lleiaf tebygol efallai oedd parodrwydd Dan i dreulio diwrnod cyfan yn casglu llus ar y mynydd uwchben Cwm Tylo: mynd yno ein dau gyda thractor a *linkbox* ac ambell fwced godro a chasglu drwy'r dydd – arwydd o'i hoffter diddiwedd o darten lus!!

Yn ogystal â bod yn groesawus i fyfyriwr oedd yn chwilio am waith gwyliau, rhoddodd aelwyd Styllen groeso cynnes hefyd dros y blynydde i ambell un oedd eisiau gwella eu Cymraeg. Un o'r adegau hynny oedd haf 1974 pan oedd teulu Styllen, yn griw o saith, hefyd yn bwriadu mynd i'r Eisteddfod Genedlaethol yng Nghaerfyrddin. Eglurodd Dan yr her mewn llythyr at ei chwaer yn holi am lety yn Llanddarog:

> "Mae Americanes (ddeniadol, a barnu oddiwrth ei llun!) yn dod yma am fis i ddysgu (neu loywi) ei Chymraeg (a chaledu dipyn ar ei dwylo gobeithio!!), ... a byddai'n hoffi dod i'r Steddfod. Gan fod Lona'n bur anesmwyth ynglyn â gollwng y fath seren i'r un dref â Gareth (heb son amdana i!!), mae hi'n teimlo yn ddyletswydd arni ddod yna i edrych ar ein holau... Mae'r Flodeuwedd fondigrybwyll yn honni hoffter angerddol at blant, fel na ddylet orfod poeni am nyrsio na dandwn na bwydo; felly, meddwl yr oeddem tybed a fydd gwely (neu le i osod gwely gwynt ac ati) ar gael i wyth!! ...... Rydw i'n meddwl mai llymed o de a thropyn o frandi ynddo fo fyddai orau i ti rwan!!"

Yn dilyn yr hyfforddiant cynganeddol, bu Dan yn ymrysona dipyn. Ar gyfer un o rifynnau Barddas yn 1994 roedd Gerallt Lloyd Owen wedi dewis un-ar-ddeg o luniau, ac i un fe roddodd y pennawd "Pum Dyn yn erbyn y Wal". Llun yw hwn o dîm ymryson yn Eisteddfod Powys 1961, yn eu cwrcwd o flaen wal yn gweithio ar eu tasgau – o leia, mae Wil Coed y Bedo, Iorwerth Lloyd a Dan Puw yn gweithio ar y tasgau, tra bo Rheinallt Llwyd a Gerallt yn edrych tuag at y camera!

Fe ges i gyfle flynydde yn ôl i gopio'r "Nodiadau ar y Gynghanedd" yr oedd Dan wedi eu cofnodi yn nosbarthiadau Euros Bowen, a hefyd gerdd o waith f'ewythr yr oeddwn wedi ei gweld ymhlith ei nodiadau. Cerdd ydy hon i weddillion y capel yng Nghapel Celyn:

Muriau

Pa sawl ceiniog brin a gasglwyd
  Er eu codi, ddyddiau fu?
Pa sawl enaid a wefreiddiwyd
  Wrth weld adeiladu'r ty?

Pa sawl glin grynedig blygodd
  Rhyngddynt ar ryw dawel awr?
Pa sawl deigryn dwys a wlychodd
  Ruddiau'r saint mewn 'cyrddau mawr'?

Fe'u haberthwyd i ddiwallu
  Syched creulon estron dref;
Ond mae eco'r mawl a'r weddi'n
  Dal i esgyn ato Ef.

Roedd yna naws cystadleuol pendant yn perthyn i f'ewythr. Falle bod hyn yn tarddu o'i blentyndodd yn Styllen, pan sonia am "hogiau ardderchog yn gweithio gyda ni, yn cael eu cyfri fel rhan o'r teulu, a bu llawer ymrafael rhyngom oddeutu'r byrddau drafts a liwdo". Daeth chwarae cardiau, tenis bwrdd a gwyddbwyll yn feysydd cystadlu gyda'r nos yn nes ymlaen – heb son am y Tŵr a'r *yatzee* gyda'r wyrion a'r wyresau.

Byddai'r gwyddbwyll, chwarae cardiau (*broken breeches* – ffurf ar *whist* lle roedd angen rhagweld faint o driciau byddech yn eu hennill) a thennis bwrdd ymhlith y difyrrwch gyda'r nos yn Styllen os oedd y diwrnod gwaith yn caniatau. Yn dilyn caffael dau ddarn mawr o *hardboard* yn addas i'w gosod ar fwrdd mawr y gegin ar gyfer y tennis bwrdd, daeth yn arferiad gwahodd campwyr lleol y gêm honno ar gyfer swper a thipyn o gystadleuaeth. Byddai Dan yn hoffi ymffrostio bod ei sgiliau cystal fel y gallai fy nghuro yn y tennis bwrdd yn ystod haf 1968 pan oedd yn cario Iolo yn faban deufis oed ar ei fraich – mae'n syndod bod fy nghefnder cystal!

Roedd Dan yn falch iawn o'i lwyddiant mewn cwis radio rhwng y siroedd i bobl ifanc – roedd yntau a Catrin Puw Morgan wedi ennill y rownd gyntaf er bod doniau disglair Bedwyr Lewis Jones yn nhîm Môn, ac yna dod yn gydradd fuddugol a thîm Ceredigion.

Mewn cymhariaeth, roeddwn i felly wedi gadael y teulu i lawr yn ddychrynllyd drwy roi'r ateb anghywir i gwestiwn allweddol ar ddiwedd cystadleuaeth, dros Glwb Ffermwyr Ifainc Llanddarog yn erbyn Coleg y Drindod. Daeth yr ohebiaeth fyraf posib gan f'ewythr – "Twt, twt" ar gerdyn post – a chan iddo gyfeirio'r cerdyn at "Pendefig Darog" alla i ddim anghofio mai'r hyn ges i'n anghywir oedd dweud mai Pryderi oedd Pendefig Dyfed.

Roedd cystadlu yn yr Eisteddfod Genedlaethol yn bwysig iawn, wrth gwrs. Mae Dan wedi nodi bod y blynyddoedd yn gorffen gyda 9 wedi tueddu i fod yn rhai llwyddiannus i'r teulu – yn 1929 daeth ei rieni, William a Gwen Pugh, yn ail ar ddeuawd gerdd dant yn Lerpwl, yn 1939 enillodd Beti ar unawd cerdd dant dan ddeunaw yn Ninbych, yn 1949 enillodd Linor ar unawd yn Nolgellau, ac yn 1959 enillodd Dan a'i ddwy chwaer ar y triawd yng Nghaernarfon. Byddai Dan wedi bod wrth ei fodd gyda llwyddiant barddonol ei wyres Martha yn Llanrwst mewn blwyddyn arall yn gorffen gyda 9. Cafodd Martha ganmoliaeth uchel gan Anni Llŷn, y beirniad, gan ddod yn fuddugol allan o dros 200 wnaeth gystadlu am Dlws Pat Neill i ddisgyblion ysgolion cynradd, ac mae ei cherdd i'w "ffrind gorau" hefyd wedi ei chynnwys yn y gyfrol hon.

Ond nid llwyddiant oedd hi yn yr eisteddfodau bob tro. Yn 2012, pan fu'r Genedlaethol yn Llandw, Bro Morgannwg, fe fentrais e-bostio i gydymdeimlo â'm hewythr wedi i Feibion Llywarch gael eu diarddel o gystadleuaeth am ganu darn mewn tri llais yn hytrach na'r unsain y gofynwyd amdano – yr hyfforddwr heb sylwi'n ddigon manwl ar y gofynion, debyg! Gan i mi weld cip o Dan ar y teledu yng nghynulleidfa y Babell Lên ar ddiwrnod y gyflafan hon, fe fues i'n ddigon ffôl i fentro holi ai i'r Babell honno yr oedd pobl wedi eu diarddel yn encilio, a daeth yr ateb hwn:

"Paid ti a dechrau, Pyrs, mae amryw hyd y lle 'ma wedi honni eu bod yn 'pryderu' am fy ngolwg, a ddoe derbyniwyd cerdyn yn cynnwys sbectol bapur a'r perl yma:

> Wel wps! Bobol bach! Diar mi
> Dan Puw, yr hyfforddwr o fri
>   Yn rhoi'ch parti'n y pw
>   Ar lwyfan Llandw
> Dyma rodd o spec-sefyrs i chi!

Roedd enw'r bardd yn ddirgelwch ar y pryd – a hyd heddiw does neb wedi dod ymlaen i hawlio'r gerdd.

Un gystadleuaeth bwysig iawn i Dan oedd honno i fod yn gynghorydd sir pan sefydlwyd y Gwynedd newydd yn 1974. Roedd yr etholiad wedi digwydd ym Mai 1973 a minnau yn ddiniwed iawn wedi ei longyfarch drwy lythyr ar achlysur y fuddugoliaeth. Daeth yr ateb yn ôl gyda'r troad, wedi ei gyfeirio at "syn-fyfyriwr":

> "Nid ydys yn hollol glir beth a olygir wrth 'y fuddugoliaeth'. Hyd y gwyddys, ni chafwyd yr un eto, gan mai gwraig y Cynghorydd yw'r MISTAR o hyd, ac nid yw'r Cynghorydd byth wedi cyfarfod Mr Fischer" (sef Bobby Fischer, pencampwr gwyddbwyll y byd ar y pryd)."

Roeddwn i hefyd wedi gofyn tybed a fyddai gobaith cael benthyg cerbyd ambell nos Sadwrn fel rhan o'r fargen pe byddwn unwaith eto yn treulio fy ngwyliau coleg yn Styllen. Dyma'r ymateb:

> "Anodd iawn yw datgan barn, ond wele rai ffeithiau perthnasol:
>   a) Mae yma gerbyd modur
>   b) Mae posibilrwydd ei logi i yrrwyr gofalus dan amodau arbennig, sef:

1) Bod y Cynghorydd yn derbyn gwybodaeth lwyr o natur a phwrpas y siwrnai y benthycir y cerbyd erddi.
2) Bod y Cynghorydd yn cael cyfri manwl (ynghyd â lluniau, enwau, disgrifiadau a mesuriadau) o unrhyw berson(au) y bwriedir eu cario yn y cerbyd modur.
3) Bod y Cynghorydd yn cael sicrwydd pendant na ddefnyddir y cerbyd modur i unrhyw bwrpas annheilwng."

Roeddwn hefyd wedi mentro holi pryd y byddai disgwyl i mi gyrraedd er mwyn dechrau ar fy nyletswyddau. A'r ateb:

"Fel y mae'n hysbys, peth i wenoliaid boeni amdano yw amser, ac nid yw'r pwynt yma yn codi o gwbl yng nghyd-destun cneifio, silwair, concrid, sinciau ac ati".

Ond o fewn yr wythnos, daeth llythyr arall, yn un o'r amlenni oedd ar gael gan Gymdeithas yr Iaith ar y pryd gyda'r arysgrif "Cenedl heb iaith, Cenedl heb galon" wedi ei addasu i "Cenedl heb fyfyrwyr, Cenedl heb broblemau" – a dyma'r genadwri:

"Syn-fyfyriwr, Gair byr ynglŷn â'r sefyllfa. Bydd yn ofynnol iti gyrraedd yma ddim hwyrach na 6 o'r gloch Ddydd Gwener Mehefin 22ain. Mae hynna'n orchymyn. Yn gywir iawn, Dy Ewyrth annwyl a hynaws a charedig a hael a chalonfeddal a hawddgar ac athrylithgar a meddylgar a thosturiol."

Wrth gwrs, alla i ond cytuno!

(*Tristwch mawr fu colli Gareth hefyd, a hynny'n frawychus o sydyn ar ddechrau Gorffennaf 2001. Gol.*)

Atgofion Teuluol

Bu actio yn rhan annatod o fywyd Mair erioed, roedd yn y gwaed yn ifanc iawn, hyd yn oed fel merch fach yn esgus chwarae tŷ bach gyda'm brawd ieuengaf, Meir. Dyma ddechreuadau ei gyrfa fel actores ddawnus, trwy chwarae rôl y fam yn y cyswllt hwn a Meir yn ufuddhau i'w gorchmynion! Pan fyddai Meir yn camymddwyn, câi ei wthio i gornel y tu ôl i churn laeth nes i'r crio ddechrau! Ond roedd Mair ei hunan yn gallu crio, yn enwedig wedi iddi lanio mewn nyth gwenyn a chael ei phigo'n ddidrugaredd. Am sŵn!! Rhedodd i'r tŷ a chael triniaeth gyda 'bliw' gan Mam at y pigiadau niferus!

Blodeuodd yr yrfa actio wedi hynny wrth gwrs yn yr ysgol uwchradd dan arweiniad yr athro Cymraeg, W J Jones ac yn ddiweddarach yn y Parc gyda chriw talentog y gymuned unigryw. Roedd ei gallu i gyfleu'r llon a'r lleddf mor fedrus a deheuig yn arwydd o'r ddeuoliaeth hynod ynddi (soniodd am y ddeuoliaeth ryfedd yma yn ei chymeriad ambell dro wrthyf). Ar yr un llaw, y llais mawr i'w glywed ymhell ac agos (yn ei geiriau ei hunan, dywedodd nad oedd angen meicroffon arni byth ar lwyfan!), yr hiwmor a'r hwyl a'r chwerthiniad iach y bu i ni ei brofi sawl gwaith wrth aros yn eu carafan ryw noson neu ddwy yn yr Eisteddfod Genedlaethol. Byddai pawb yn gwybod pan yr oedd Mair yn yr ystafell! A minnau, o'i gymharu, yn ddistawach fel ei mam, Anti Martha! Roedd Mair yn hoff o lwyfan a chystadlu erioed. Ar y llaw arall, roedd ganddi sensitifrwydd a dwyster i'w chymeriad fel sydd wedi'i amlygu wrth actio dramâu lleddf, yn ei gweddïau teimladwy a'i dealltwriaeth o'r Beibl.

Roedd Penri a Mair yn bâr oedd yn cyd-blethu mor wych, gan fod Penri yn arddwr mor arbennig a Mair hefyd yn

Y teulu tua diwedd yr 80au efo'r ddwy nain a taid

Llion yn graddio Aberystwyth 1995

Pererindod i Sempringham haf, 2005

Gyda'r Wyrion. Nadolig 2017

gogyddes fedrus iawn fu'n troi cynnyrch gardd Penri yn gampweithiau blasus. Bu'r tartenni niferus a roddwyd i ni ac eraill gan Mair yn wir arwydd o'i charedigrwydd. Rwy'n siŵr fod ei chymuned wedi elwa'n fawr o'i haelioni, fel y gwnaethom ninnau fel teulu wrth ymweld â Glannant. Roedd Mair yn fwy o chwaer na chyfnither i mi. Byddem yn rhannu'n profiadau a'n llwyddiannau, a minnau yn llwyr edmygu ei doniau amrywiol.

'Mae'r Colli yn Dristwch ond y Cofio yn Ddiddanwch'.

Joyce (*cyfnither*)

Roedd Anti Mair, yn ferch i Martha oedd yn chwaer i Annie Mary, mam Joyce (sef Mam) – felly roedd Mair a Mam yn gyfnitherod agosaf. Y ddwy wedi eu magu yn ardal Penybont Fawr a Llanfyllin. Mair oedd morwyn briodas Mam a phan briododd Mair ac Yncl Penri ar y 24ain o Awst 1968 – Siân oedd y forwyn fach a Huw yn was bach. Yng ngeiriau Siân, doedd ganddi ddim cof amdani o gwbl tan y diwrnod hwnnw ym Mhenybontfawr – cofio'r prysurdeb a'r paratoi cyn y briodas yn y tŷ y bore hwnnw. Ond yr atgof pennaf oedd cerdded allan trwy'r drws yn y ffrog fach werdd yn bump oed a chlywed sibrydion gwerthfawrogol "O am dlws... oooooo" y dorf o fenywod yr ardal oedd yn sefyll dros y ffordd er mwyn gwylio'r digwyddiad priodasol. Fodd bynnag, daeth y ffrog fach werdd yn ôl i'r Parc droeon – dathliadau pen-blwydd priodas 30ain, wedyn dathlu'r briodas ruddem, a'r tro diwethaf y briodas Aur ar Awst 28ain.

Ar ôl iddynt briodi cychwynnodd y gwyliau haf blynyddol i aros gydag Anti Mair ac Yncl Penri yn gyntaf i'r fflat yn Llanuwchllyn, ac wedyn i Glan-nant yn y Parc. Byddai Siân a Huw yn edrych ymlaen yn arw am y gwyliau hyn, er ofn Siân wrth fynd dros argae llyn Llanwddyn! Serch hynny, roedd yn bris gwerth ei dalu er mwyn cyrraedd y cyrchfan! Cafwyd llawer o brofiadau gwerthfawr yno – atgofion hyfryd o fynd i'r "Werddon" at deulu Yncl Penri a'r paratoadau ar gyfer sioe Llangywer, a mynd â'r ci, Black, i'r sioe a'r croeso cynhesaf ar yr aelwyd.

Llun olaf y teulu efo'i gilydd Mawrth 2019

Tra yn y Parc y cafwyd y profiad o fynd i weld olion Capel Celyn am y tro cyntaf yn ystod haf sych a thanbaid 1976 – gwnaeth hyn argraff fawr arnom ac fe arhosodd y profiad gyda ni. Wedyn, daeth Sion Pennant a Llion Llafar i'r aelwyd – mae gennym atgofion o fynd i "helpu" Anti Mair gyda Sion pan oeddem yn 10 a deuddeg oed.

Huw a Sian (nai a nith)

Mae gennyf atgofion melys o fynd ar wyliau i'r Parc ar hyd y blynyddoedd a daeth yn lle pwysig i mi. Byddwn yn edrych ymlaen yn eiddgar at chwarae gyda'm dau gefnder hŷn ac yn llawn edmygedd ohonynt! Bu dod i adnabod ffrindiau newydd yng nghymuned glos ac arbennig Y Parc lle'r oedd pawb yn siarad Cymraeg yn brofiad gwerth chweil.

Rwy'n cofio bod Sion yn eithaf ffysi gyda'i fwyd yn ifanc, mae'n debyg mai wyau oedd un o'r pethau y byddai'n ei fwyta, a chofiaf un tro pan oedd Mam yn ceisio coginio ŵy wedi'i ffrio iddo. Doedd dim yn tycio a bu'n rhaid dychwelyd yr ŵy at y stof droeon tan ei fod fel bricsen o galed! Pan glywodd Anti Mair am helynt yr ŵy, fe fu chwerthin mawr, yn ei ffordd ddihafal ei hunan, a bu'n cynghori Mam ar sut i goginio ŵy yn berffaith iddo!

Mae'n rhaid bod Anti Mair yn mwynhau cael sbwylio merch fach ac mae gennyf atgofion hyfryd o'i charedigrwydd yn prynu sandalau newydd crand i mi ar daith siopa i Wrecsam. Roeddwn wedi dotio arnynt! Mae amynedd, hiwmor a charedigrwydd Anti Mair yn serennu trwy'r holl brofiadau hyn.

Siwan (nith)

Ar wyliau efo Edward a Gwyneth

Ar wyliau bws yn Awstria

Ger Abaty Llanddewi-aber-hodni 2018

O flaen Gwesty Raffles, Singapore pan ar wyliau efo Megan ei ffrind ysgol

Atgofion rhai o aelodau Pwyllgor Gwaith y Gymdeithas Cerdd Dant am Dan Puw

DAN PUW

Roedd mam (Margaret Edwards) yn aelod o Barti'r Brenig, ac felly y deuthum i gysylltiad â Dan gyntaf. Gosodiadau Dan fyddai mam yn arfer eu canu fel unawdydd cerdd dant, a minnau a'm chwaer, Leisa yn ein tro. Ymhen amser, gwrthododd Dan osod dim mwy i ni, gan fynnu fod mam, a minnau'n ddiweddarach, yn gosod ein hunain. Fo wthiodd y cwch i'r dŵr felly ac a fu'n gyfrifol am fy rhoi ar ben ffordd sawl tro pan fyddwn yn rhoi caniad i ofyn am ei gyngor. Fyddai o byth yn feirniadol – dim ond yn annog bob amser.

Un o'm ffrindiau gorau wedi i mi symud i Ysgol y Berwyn oedd Ffuon, merch Dan. Yn wir, bu Castell Hen, neu Styllen, fel ail gartref i mi ac roedd croeso mawr bob amser ar yr aelwyd yn ogystal â dogn go fawr o dynnu coes! Er bod Dan yn gwerthfawrogi'r traddodiadol, doedd o ddim yn swil o ddefnyddio technoleg fodern chwaith, ac roedd yn un o'r rhai cyntaf i ddefnyddio meddalwedd cyfrifiadurol i osod cerdd dant. Fe ymunodd â 'facebook', a doedd dim pall ar y tynnu coes ar hwnnw siŵr! Fe holais unwaith beth aflwydd oedd yr aderyn oedd yn fy nghadw'n effro'r nos gyda'i ganu aflafar – pawb yn awgrymu 'cyw tylluan frech' – ond Dan wrth gwrs yn ymateb drwy ddweud 'Elin, wyt ti erioed wedi gofyn i'r deryn druan ydi o/hi yn hoffi'r sŵn rwyt ti a dy deulu'n wneud?!'

Fe anfonodd e-bost at mam rywdro, ac yn hwnnw fe gyfeiriodd at y ffaith iddo fy ngweld yn arwain CoRwst ar y Noson Lawen: 'Rydw i'n dotio at y ferch brysur sydd gen ti. Dwn i ddim sut mae hi'n dod i ben â phopeth mae hi'n wneud yn Ysbyty Ifan a Dyffryn Conwy'n gyffredinol. Ac yn goron ar y cwbwl, fe ganodd ei Chôr am Dan, Cymru, Lloegr a Llanrwst ar y Noson Lawen. Dw i erioed wedi cael y fath anrhydedd!'

Ie dyna grynhoi Dan – gŵr ffraeth a hynod gefnogol bob amser. Braint oedd cael ei adnabod a mawr yw fy nyled iddo.

Elin Angharad Davies

Roeddwn yn cyd-feirniadu am y tro cyntaf erioed yn yr Eisteddfod Genedlaethol – yng Nghaerfyrddin yn 1974 – ac yn rhannu'r gwaith gyda Dan. Wedi un gystadleuaeth, ac yn dilyn trafodaeth rhyngom, Dan oedd yn gyfrifol am baratoi'r feirniadaeth ar gyfer pob unigolyn. Dyma fo'n gwneud camgymeriad wrth ysgrifennu un ohonynt, ac yn hytrach nag ailddechrau, fe roddodd linell flêr drwy'r camgymeriad a chario ymlaen i ysgrifennu. 'Wel Dan,' meddais, 'Rwyt ti wedi gwneud llanast 'rŵan!' A dyma fo'n ateb yn syth: 'Dyna ddeudodd Lona pan ffeindiodd hi ei bod hi'n disgwyl y pumed o'r plant 'cw!'

Menai Williams

Atgof am Dan Puw

Nid ym myd cerdd dant yr oedd fy ymwneud cynta' â Dan, ond yn hytrach, ym myd y bandiau pres.

Rhywdro yn y saithdegau oedd hi, pan gynhaliwyd ryw Regata Hwylio Ryngwladol fawr ar Lyn Tegid, a thre'r Bala yn ferw o forwyr o bob cenedl dan y nef. Cafodd y Seindorf leol, ynghyd â Seindorf Arian Corris, y digwyddwn i fod yn canu'r iwffoniwm ynddi, wahoddiad i gymryd rhan yn y jamborî. Roedd Dan yn drombonydd yn Seindorf y Bala, ac mae'n rhaid mai ef oedd yr arweinydd y pryd hynny hefyd. Cofiaf fod arweinydd Seindorf Corris yn absennol ar y diwrnod, ac fel is-arweinydd iddo, rhaid oedd i mi gymryd yr awenau'n ei le. Roedd hi'n ddiwrnod llethol, ac roedd gofyn i'r ddau fand ymdeithio o ganol y Bala i lawr at y caffi ar lan Llyn Tegid. Er na chofiaf pa ymdeithganau a ganwyd gennym, yr hyn gofiaf ydi fod disgwyl inni chwarae'r 'ddwy' anthem genedlaethol ar y diwedd.

Y brawd a chwaer, Dan Puw ac Elinor Pierce, ym mhabell Lên Eisteddfod Genedlaethol Aberystwyth 1992

Dan ac Elinor yn rhoi datganiad ar yr un achlysur

1966. Seindorf Arian y Bala yn Cyhoeddi Eisteddfod Genedlaethol y Bala 1967. Y trombonwyr (ch-dd) Dan Puw, Isaac Ll. Williams, Dic Williams, Gwilym Owen

Dyma Dan yn troi ata'i a deud:

'Wn i be wnawn ni'r hen Iwan,' meddai, â'r direidi'n gloywi'n ei lygaid, 'Fe chwaraeith Band y Bala Hen Wlad fy Nhadau a chaiff Band Corris chware'r llall!'

Dyma finnau'n ymateb drwy ddweud yn bendant nad oeddwn i'n bersonol am chwarae nodyn o'r llall.

'Paid â phoeni,' meddai, 'fe gei di chware efo ni a chaiff y cwîn fod heb iwffoniwm!'

Iwan Morgan

Dan Puw

Mae'n debyg mai'r tro cynta' i mi am wn i gael sgwrs â Dan oedd yn Eisteddfod Genedlaethol Casnewydd 2004 a finna'n ifanc a ffôl. Gwirfoddoli gyda chriw Gŵyl Cerdd Dant Dyffryn Conwy 2004 yr oeddwn yn trio 'fflogio' raffls i'r genedl fel rhan o'r ymgyrch codi arian at yr Ŵyl. Mi gofia'i'n iawn sefyll tu allan i'r stondin a sbotio Dan a Lona Puw yn dod draw a gwybod fod Dan yn un o hoelion wyth y byd cerdd dant. 'Bingo' medde finne wrtha fi'n hun mi brynith docyn raffl yn syth gennai. Wedi hanner awr o sgwrs yn ceisio'i ddarbwyllo fod y tocyn raffl yr oeddwn ar fin werthu iddo am fod y tocyn gorau y gallai brynu erioed mi ges i £1 ne' ddwy o'i groen. Dyna'r ymdrech hwyaf i mi gofio yn fy ngyrfa o werthu raffls i geisio darbwyllo rhywun i brynu tocyn ond mi ges i'r maen i'r wal ynghyd â hanner awr ddifyr a hwyliog. Wedi hynny bu llawer o dynnu coes ac wedi i mi gael fy mhenodi'n Swyddog Gweinyddol cefais y pleser o'i gwmni rhadlon ym mhwyllgorau'r Gymdeithas hyd nes iddo ddatgan ei ymddeoliad pendant 3 mlynedd yn ôl. Diolch am y fraint o'i adnabod a diolch iddo am ei lafur cariad dros y pethe da i gyd.

Delyth Vaughan Rowlands
Swyddog Gweinyddol

Dan yn westai i'r Dr Meredydd Evans ar y rhaglen
Canu Penillion ar S4C tua dechrau'r 1980au

Drama

PENRI JONES

Drama fu un o brif ddiddordebau Mair. Pan oedd hi'n bur ifanc byddai nosweithiau drama cymdeithas y capel ym Mhenygarnedd yn adloniant pur i blant yr oes ddi-deledu a 'doedd run sinema yn nes na Chroesoswallt. Ni hidiai neb am safonau actio na chynhyrchu'r llwyfan plaen-dros-dro heb oleuadau nac effeithiau sain. Onid oedd gweld pobl y fro'n newid cymeriad, gwisg a golwg yn hwyl ynddo'i hun. Roedd y digri a'r dwys yno ac ambell i sefyllfa arswydus. Cofiai amdani ei hun mewn rhes o blant yn gwyro i lawr i gyd mewn ofn yn gwylio "*Lluest y Bwci*"pan ddisgynnodd cyllell o'r nenfwd a phlannu i'r bwrdd pren yn union o'u blaenau.

Cafodd gyfle yn Ysgol Uwchradd Llanfyllin i berfformio – adrodd, siarad cyhoeddus ac actio trwy anogaeth a chyfarwyddyd W.J.Jones ei hathro Cymraeg. Cafodd sawl noson o lety yn ei gartref ef a Marged Jones a'u merch Eiry wedi ymarferiadau ar ôl ysgol a bws Penbont wedi hen fynd. Diflannodd ei swildod ysgol gynradd dros nos bron. Daeth y ferch fach dawedog allan o'i chragen. Canfu'r llais – a'i harweiniodd i drwbwl droeon – ddaeth yn nodweddiadol o'i chymeriad a datblygodd yn arweinydd cyhoeddus.

Nid rhyfedd felly iddi ddewis Drama fel cwrs atodol i'w astudio yn Y Coleg Normal ond, yn rhyfedd iawn, theori pur fu'r cyfan – hanes drama ac ymarfer cynhyrchu ar bapur. Chafodd hi run cyfle i berfformio nac actio cymeriad gydol y ddwy flynedd. Cafodd well llwyfan yng ngweithgareddau'r Gymdeithas Gymraeg fel arweinydd eisteddfod a chyngerdd. Y tro cyntaf erioed i mi ei gweld oedd "cyngerdd" noson

Drama "Gwerthoedd" Ysgol Uwchradd Llanfyllin 1957 efo W.J.Jones

croesawu myfyrwyr newydd i'r "Gym-Gym." Daeth y ferch walltgoch mewn sbectols i'r llwyfan i adrodd stori arswyd orffennodd yn sydyn efo tywyllwch dudew a'r sgrech fwyaf annaearol! Aeth tair blynedd heibio cyn inni gyfarfod yn Wrecsam. Doedd ganddi hi ddim cof iddi erioed fy ngweld o'r blaen ond roeddwn i'n cofio'r stori a'r sgrech!

Ar ddechrau'r chwedegau Aelwyd yr Urdd, Wrecsam, oedd man cyfarfod a chymdeithasu'r Cymry ifanc ddaeth yno'n

Athrawon Ysgol Gwenfro Wrecsam 1966-7

Priodi ym Mhenygarnedd Awst 24, 1968

athrawon, gweithwyr a myfyrwyr colegau. Sefydlwyd cwmni drama dan gyfarwyddyd Gareth Miles. Caed deunydd newydd parod yn nramau doniol Wil Sam fel "Dalar Deg" a'r "Gŵr Diarth." Prin iawn oedd offer a phrops ond bu'r cwmni'n perfformio mewn ambell i neuadd bentref, festri capel a hyd yn oed lawr ystafell dosbarth ysgol. Llenwid gweddill y rhaglen efo eitemau amrywiol. Dyna pryd y ganwyd "Sgets Llundain" gadwyd yn fyw ac ar fynd gan Mair tan ddaeth amgylchiadau i'w hatal rhag perfformio mwyach.

Ar ôl priodi, a chartrefu yn Llanuwchllyn, daeth cyfle eto i actio efo "Cwmni Drama'r Pandy." Hon oedd oes aur yr Ŵyl Ddrama leol – wythnos gyfan o ddramâu byrion, naw neu ddeg cwmni a phawb yn gwneud dau berfformiad. Yma roedd gwell llwyfan, cefndir a chyfle i greu set. Roedd goleuadau y gellid eu rheoli ac roedd Ifor Owen wrthi bob nos yn coluro pawb yn ôl ei angen. Bu hynny'n hyfforddiant gwerthfawr.

Daeth cyfle i ehangu gorwelion pan sefydlwyd Cwmni Drama Meirion. Cwmni lleol Eisteddfod Genedlaethol Meirionnydd 1967 yn Y Bala oedd o'n wreiddiol ond a benderfynodd barhau i gyfarfod a chynhyrchu am sawl blwyddyn wedyn. Hen Ysgol Bryncoedifor ger Rhydymain oedd y man ymarfer a'r gweithdy a'r person allweddol oedd y Cyfarwyddwr, y Parch. Huw Pierce Jones, Pwllheli, gŵr trwyadl ei drefniadaeth yn mynnu manylder a disgyblaeth. Tystiai Mair iddi ddysgu'r cyfan a wyddai am elfennau ymarferol drama dan ei gyfarwyddyd o ynghŷd â dau arall, gyfarfu'n ddiweddarach, yr oedd ganddi barch mawr tuag atynt – Meurwyn Thomas (Trefnydd Drama Sir Drefaldwyn) a'r athrylith Charles Williams. Arweiniad a chynghorion y tri hyn fu ei gwir goleg a byddai'n eu dyfynnu'n gyson wrth gynhyrchu a beirniadu. Roedd cynyrchiadau Cwmni Drama Meirion fel "Boneddiges y Wawr" yn rhai uchelgeisiol yn rhoi sylw manwl i holl agweddau cynhyrchu a llwyfannu a theithiwyd i sawl canolfan i berfformio.

Beth amser ar ôl symud i fyw i'r Parc y dechreuodd Mair gynhyrchu a sefydlu ei chwmni ei hun. Bu gofalon magu teulu ifanc yn hawlio'i hamser am gyfnod tan sefydlwyd Cwmni'r Parc yn 1982. Bu'n cynhyrchu dramâu'n rheolaidd wedi hynny am dros ddeng mlynedd ar hugain. Dyma grynodeb o hanes y Cwmni yn ei geiriau hi ei hun:-

"Roedd Eisteddfod Powys yn cael ei chynnal yng Nglynceiriog yn 1982 a gofynnwyd imi faswn i'n dod â drama i gystadlu yn yr Ŵyl Ddrama yno. Atebais y byddwn yn gofyn i rai o'r ardal 'fyddai ganddyn nhw ddiddordeb ac mi ges atebion cadarnhaol gan amryw. Y broblem wedyn oedd cael drama addas ar gyfer cystadleuaeth gan

Cwmni Drama'r Parc. Cast "Boneddiges y Wawr" 1986

mod i'n credu bod angen drama â thipyn o her ynddi os am lwyddo! Yn ffodus mi ofynnais i Buddug Medi be oedd ganddi hi ac yn wir, heb yn wybod i mi, roedd hi newydd ennill coron Gŵyl Fawr Aberteifi gyda'i drama "Sali" sef, hanes Sali Jones o'r Bala ddaeth yn wraig i Thomas Charles. Dyna ddechrau ymarfer o ddifri ac anfon ein henwau i gystadlu mewn sawl Gŵyl arall. Y lle cynta inni gystadlu oedd hen neuadd sinc Y Foel ac, wedi cyrraedd, dwi'n cofio dweud wrth y cast, 'Os cawn ni un trydydd yn y gwyliau yma mi fydda' i'n hapus!' Ond, yn wir, mi gawsom dair gwobr gyntaf! Y flwyddyn ganlynol aethom â "Sali" i Eisteddfod Genedlaethol Ynys Môn a chael y drydedd wobr. Cast y ddrama gyntaf honno oedd Gwen Edwards, Sylwen Davies, Eirlys Ellis, Gwilym Davies, Robin Vaughan Evans, Dei Roberts, Sion Pennant y mab, Penri'r gŵr a minnau.

Wedi'r llwyddiant doedd dim dal nôl arnom ni. Buom yn cystadlu ym mhob Gŵyl y gwyddem amdani:- Y Foel, Llanfyllin, Llanrhaeadr-ym-mochnant, Corwen, Groeslon, Gwyliau Eisteddfodau Powys, Môn, Pontrhydfendigaid a'r Genedlaethol. – weithiau'n dod i'r gwobrau, dro arall adre'n waglaw ond bu 1996-7 yn gyfnod llwyddiannus iawn pan enillson ni chwech o dlysau!

Byddai digon o hwyl bob amser ac ambell i dro trwstan! Un tro roedden ni'n cystadlu yn Y Foel a ffeindio ar ôl cyrraedd ein bod ni wedi anghofio'r "babi" – prop hanfodol i'r ddrama! Ffoniodd Eirlys Ellis, (y fam) ei gŵr, y Parch. Bryn Ellis i ddod â'r ddoli hanner ffordd a byddai rhywun yno i'w gyfarfod. Dyna'r tro cynta rwy'n siwr i weinidog yr efengyl ddilifro babi ar ben Bwlch Oerddrws! Dro arall cafodd Gwen glusten mor hegar gan Gwilym nes bron iddi lewygu ar y llwyfan! Gallaf eich sicrhau na chafodd o byth gyfle arall i wneud y fath beth!

Cyfnod hapus a diddorol oedd y cystadlu a chroesi cleddyfau efo cwmniau Glannau Colwyn, Glan Conwy, Y Groeslon, Brynaman a Phontyberem i enwi ond rhai. Cystadleuaeth iach a phawb yn gyfeillgar. Uchafbwynt pob blwyddyn bron ers 1983 oedd Cystadleuaeth y Ddrama fer yn yr Eisteddfod Genedlaethol. Daethom i'r brig chwe gwaith:- Aberystwyth 1992, Llanelwedd 1993, Bro Dinefwr 1996, Môn 1999, Casnewydd 2004 a Maldwyn 2015.

Dros y blynyddoedd ceisiwyd cyflwyno dramâu cymharol newydd. Cyfieithwyd sawl un o'r Saesneg ac rydym wedi llunio addasiad llwyfan o weithiau rhai o'n prif awduron Cymraeg fel Eigra Lewis Roberts ac Islwyn Ffowc Elis. Cred ambell un o'r Cwmni mai'r ddrama orau gyflwynwyd ganddon ni oedd "Darluniau yn y Gwyll" gan Dafydd Fôn Williams – drama rymus seiliedig ar helyntion Gogledd Iwerddon.

Mae'r cast wedi newid llawer dros y blynyddoedd ac ambell un yn dal ati. Mae'r mwyafrif yn dod o'r Parc ond cafwyd cymorth ambell un o'r cyffiniau hefyd. Mae'r hwyl a'r brwdfrydedd yn parhau. Diolch iddyn nhw i gyd am eu hymroddiad llwyr ac yn arbennig i ddyn y llwyfan, y set, y golau a'r sain – fyddai run ddrama hebddo fo!"

Ar wahân i weithgareddau Cwmni'r Parc, cyd-actio efo Gwyneth Morus Jones a chyflwyno monologau a deialogau i gynulleidfaoedd dros Gymru (pwy na chafodd lond trol o hwyl wrth wrando ar 'Bethan Mary,' 'Y Difa,' ' Y Wraig Ffarm' a 'Dynes y Sbectol') cafodd brofiad a werthfawrogodd yn fawr o

"Y Dîfa". Mai 2007

berfformio'r fonolog *"Miss Jones y Post,"* gan Llinos Snelson, enillydd y Fedal Ddrama yn Eisteddfod Genedlaethol yr Urdd Bro Conwy 2000. Roedd naw golygfa ac angen portreadu nifer o gymeriadau. Gofynnwyd iddi droeon wnaeth hi erioed ystyried gyrfa fel actores. Bu hynny'n sicr yng nghefn ei meddwl ambell dro a chafodd ran mewn un neu ddwy raglen deledu. Pe bai hi'n iau synnem ni ddim y gallai hynny apelio ond bodlonodd ar yr hyn oedd ganddi. Galwyd arni droeon i feirniadu mewn gwyliau drama lleol a chenedlaethol. Ceisiai bob amser fod yn adeiladol. Cynghorion ac anogaeth fyddai ei phrif sylwadau.

Credai'n gydwybodol fod cystadleuaeth yn tynnu'r gorau o bawb. Mynnai gadw safonau a byddai ei dewis personol o ddramâu yn ategu hynny. *"Rhaid cael drama dda i fynd dan ei chroen hi..."* Er ei bod hi mor hoff o gyflwyno cymeriadau digri ac yn cael llwyddiant wrth wneud hynny, dramâu dwys, nid comedi, fyddai'r dewis yn ddieithriad.

Cwmni Drama'r Parc "Darluniau yn y Gwyll"
Eisteddfod Aberystwyth 1994

Y Parti Bach Noson Lawen efo John Ifor a'i fam Megan Griffiths

Rhaid peidio anwybyddu'r pasiantau a luniodd neu a gynhyrchodd ar gyfer dathliadau Merched y Wawr, Cymdeithas y Beiblau a dathliadau enwadol. Bu hefyd yn gweithio'n gyson efo plant Adran y Parc yn hyfforddi a sgriptio deialogau a chyflwyniadau dramatig. Daeth y fuddugoliaeth roddodd y wefr fwyaf iddi yn Eisteddfod Genedlaethol yr Urdd, Y Bala 2014 pan enillodd Cwmni Drama Adran fach Y Parc y wobr gyntaf am eu cyflwyniad o "Ta Ta Tryweryn" a churo Ysgol Glanaethwy!

Dan

ARFON WILLIAMS

"Oooo......dyw, – ti adre am chenj!!" neu "Oooo.....be ti'n neud yn tŷ adeg yma o'r dydd?" Rhyw sylwad tebyg i'r rhain a fyddai yn fy nisgwyl bob tro byddai Dan yn ffonio, a rhyw chwerthiniad iach i'w glywed yn dilyn fy ymateb yn ddi-ffael. 'Roedd hyn yn rhan annatod o gyfansoddiad Dan fel un a fyddai wrth ei fodd yn tynnu coes a chellwair, ond does gen i ddim cof o gwbwl os oedd yr alwad ffôn a gefais ganddo rhywbryd yn ystod mis Medi 1987 yn dilyn yr un patrwm â'r rhai a gefais yn ystod y deg mlynedd ar hugain a mwy a oedd i ddilyn! A phwrpas yr alwad? Wel, gwahoddiad i ymuno â Meibion Llywarch, a dyna gychwyn ar fy adnabyddiaeth go iawn o Dan Puw.

Tra yr oeddwn yn gyfarwydd gydag o mewn gwahanol feysydd yn lleol a chenedlaethol, ac yn ei weld mewn sêl yn Y Bala neu Ddolgellau yn achlysurol, wrth ddod yn aelod o'r Meibion y deuthum dan ei ddylanwad yn bennaf, a chael fy nhrwytho ganddo yn y greff o ganu Cerdd Dant, ond bod yr addysg yma yn gymysg gyda llawer iawn o hiwmor a hanesion difyr! 'Roeddwn wedi dechrau ymhel gyda'r greff fel unawdydd o dan hyfforddiant Beti Puw Richards – un arall oedd yn nabod Dan yn dda – a dyma felly gael 'dôs ddwbwl ' dan arweiniad y ddau arbenigwr yma!

Mae'n debyg bod Meibion Llywarch yn cael eu cysylltu yn bennaf â dehongliadau naturiol a gwerinol eu stamp, ac efallai y byddai yn naturiol wedyn i gysylltu hynny â hyfforddiant syml a di-lol, ond fedra'i eich sicrhau nad oedd hynny yn wir! O fewn symylrwydd ac uniongyrchedd y mynegiant hwn 'roedd yna gryn fanylder wrth hyfforddi. Rhaid oedd cael y lleisio yn gywir

Dan yn Gadeirydd Pwyllgor Gwaith Gŵyl Gerdd Dant Y Bala a'r Cylch 1984, a gynhaliwyd ym Mhafiliwn Corwen

er mwyn creu sain a gyd-weddai â naws gair a chymal, ac roedd yn bwysig i rythm lafar naturiol y geiriau ddod drosodd wrth ganu "canwch yn union fel tase chi'n eu deud nhw " oedd hi, gan ofalu rhoi pwyslais pwrpasol ar eiriau megis 'â' tra'n osgoi rhoi pwyslais ar 'a' bob tro, 'gydag' ydi 'â' cofiwch nid 'ac' "! Dyma y math o fanylder a oedd yn saernïo y perfformiadau y cefais y fraint o fod yn rhan ohonynt, a'r hyn sy'n rhyfedd yw fy mod yn fy nghlywed fy hun yn dweud yr union run pethau wrth hyfforddi fy hun – dyne ydi dylanwad ynde!

Daeth cyfle i'w adnabod ar lefel wahanol pan ges fy ethol ar bwyllgor gwaith Cymdeithas Cerdd Dant Cymru. 'Roedd y siwrneiau i lawr i Aberystwyth rhyw ddwy waith/dair y flwyddyn yng nghwmni Dan a Bet yn addysg ynddo'i hun, gan drin a thrafod ystod helaeth o bynciau. Byddai yna hel achau, adrodd straeon am rhyw gyngerdd neu gymeriad wrth fynd trwy'r gwahanol ardaloedd ar y daith, ac er mai yr un oedd y daith i'r pwyllgorau, llwyddai i osgoi ail-adrodd yr un stori bob tro, gan arddangos cof eithriadol. Ac ar y ffordd adre doedd dim sôn am drafodaethau'r pwyllgor, 'roedd angen cadw rheini lle 'roedden nhw!!

'Roedd ei hiwmor yn cael ei amlygu ym mhwyllgorau'r gymdeithas hefyd, gyda rhyw sylwad doniol – gan roi hergwd i ambell aelod o'r pwyllgor fel arfer – a hynny yn ei dro yn medru ysgafnu'r awyrgylch fel byddai'r angen. 'Roedd ganddo huodledd anghyffredin wrth gyflwyno sylw neu fynegi barn, a dawn i liniaru ambell i drafodaeth a fyddai wedi mynd ychydig yn fwy tanllyd na'r arfer!

Buom ni'n tri yn adolygu testunau cerdd dant Yr Ŵyl Cerdd Dant am flynyddoedd lawer, a dyna ichi addysg amhrisiadwy yn 'mecanics' cerdd dant! Byddem yn cyfarfod fel arfer yng Nghwr y Waun – cartref Bet – ac mi fyddai yn mynd yn noson hir yn amal gan fod angen canu pob un o'r dewisiadau er mwyn sicrhau eu haddasrwydd. Bet wrth y piano, a Dan a finne yn trio'u canu a fyddai'r drefn fel arfer, a byddai Dan yn gadarn ei farn bod angen i'r geiriau fod yn ganadwy ac yn farddoniaeth o safon bob amser, gyda naws y gainc yn cyd-weddu â naws y geiriau. Os byddai yna gerdd ar fesur mwy anghyffredin – neu efallai ddarn o ryddiaith – byddai'n cyhoeddi y dylem daro i fewn hyn a hyn o guriade i mewn i'r gainc, a dyne 'i thrio hi felly. Os y digwyddai inni orffen y pennill cyn i'r gainc orffen, byddai'n dal i gyfri hyd ddiwedd y gainc, ac yna yn dweud fod rhaid inni gychwyn swm y curiadau oedd yn weddill yn hwyrach nag a wnaethom y tro cyntaf.... ac yn amlach na pheidio fe fyddai yn ffitio fel maneg wedyn! Pe tae ni wedi sdicio iddi i fynd drwy'r testunau yn ddiymdroi, yna mae'n debyg y byddem ni wedi gwneud y gwaith mewn dim o dro, ond wrth gwrs yr oedd yna ambell i gainc neu gerdd yn dod ag atgofion yn ôl i Dan, a byddai yna stori yn dilyn wrth gwrs. Dyna oedd yn gwneud y nosweithiau yma mor ddifyr, gyda phaned a chacen yn rhan allweddol o lwyddiant y noson. Nosweithiau i'w trysori, a chwithdod mawr oedd gorfod trafod testunau Gŵyl Cerdd Dant Bro Nansi 2020 heb ei gwmni a'i ddoethineb.

Wrth ysgrifennu'r pwt yma, mae wedi fy nharo fwyfwy mor ffodus y bum o gael y fraint o fod dan ei adain fel petai, yn dysgu cymaint heb sylweddoli rhywsut. Doedd o ddim yn natur Dan i fod yn or-ganmoliaethus, a dwi'n siwr y byddai pob aelod o Feibion Llywarch yn cytuno â mi yn hynny o beth! "Ie.....mi ddaw" oedd ymateb Dan i'n hymdrechion yn aml, a ninnau yn tybio ein bod yn canu'n reit dda!! Ond y fo oedd yn iawn wrth gwrs. Rhaid bod yn reit llym os am anelu at y safonau ucha bob tro. Pan ddechreuais i fynd ati i drio llunio gosodiadau a hyfforddi fy hun fe fyddai bob amser yn barod ei gyngor imi.....gan ganmol pan fyddai angen – ond wrth gwrs yn amlach na pheidio, byddai yna gynffon o'r direidi digamsyniol oedd yn nodweddu Dan. Cefais y cyfle i ganu unawdau yng nghyngerddau'r Meibion ym mhob cwr, a byddai bob amser yn ddiolchgar, er efallai ddim yn or-flodeuog yn ei ganmoliaeth o'r perfformiadau, ac ni thrawodd hynny fi o gwbwl mewn gwirionedd hyd nes cyfarfod i lawnsio ei lyfr " Dyn Y Parc". Wrth ofyn iddo ei lofnodi, fe'i rhoddodd yn ôl imi yn reit swta, a phan edrychais tu mewn i'r clawr ar ôl mynd adre – dyma a welais:

I Arfon
Gyda diolch am lawer cân wefreiddiol
Dan

Nid chwennych canmoliaeth yr oeddwn...ond chwennych cydnabyddiaeth gan berson yr oeddwn i yn ei gyfri fel cawr yn y grefft, a chwennych cadarnhad fy mod wedi gwrando a deall yr addysg a roddodd i mi, felly fel y sylweddolwch mae'r ysgrif yna sydd tu mewn i'r clawr yn golygu'r byd imi.
Diolch Dan.

Mair Penri a Merched y Wawr

TEGWEN MORRIS

Roedd Mair Penri yn ffrind arbennig, yn gymeriad hwyliog, llawn caredigrwydd a rhoddodd ei chalon yng ngweithgareddau Merched y Wawr. Roedd ei phresenoldeb yn llenwi pob modfedd o bob lle. A phwy all anghofio Mair yn ein diddanu â'i chymeriadau amrywiol a lliwgar iawn? Bu'n aelod yng nghangen Llanuwchllyn a hefyd yn Y Parc, sef cangen bwysicaf Cymru yn ôl Mair! Bu'n Llywydd Cangen, Llywydd Rhanbarth ac yn Llywydd Cenedlaethol Merched y Wawr rhwng 1990 a 1992.

Roedd yn berson diymhongar, yn trysori pob dim Cymreig a Chymraeg ac yn gweld y gwerth mewn gwneud y pethau bychain. Roedd ei theulu yn golygu cymaint iddi, a hefyd ei ffrindiau a'i theulu estynedig o fewn Merched y Wawr. Enillodd wobr T.H. Parry Williams yn 2008 ac yr oedd yn aelod o'r Orsedd, a'i henw yno oedd "Mair Penri".

Rydym yn cofio ei chyflwyniadau cofiadwy yn yr Eisteddfodau a Dathliadau Merched y Wawr yn y Bala, a'i pharodrwydd i wirfoddoli mewn Eisteddfodau a Sioeau. Fe wnaeth sioe ffasiwn o ddillad ail-law o siop Tenovus Y Bala, lle y bu yn gwirfoddoli am dros 20 mlynedd. Roedd hefyd yn cyfrannu at gylchgrawn Y Wawr yn rheolaidd. Doedd dim yn ormod, o actio a pherfformio i feirniadu a hynny bob amser gyda llais cadarn, hwyliog a phan oedd Mair yno roedd yna bresenoldeb enfawr o'i chwmpas. Enillodd ar y Cyflwyniad Digri yn yr Eisteddfod Genedlaethol deirgwaith yn olynol, ac aelodau Merched y Wawr yn dotio ar ei thalent.

Yn ystod ei Llywyddiaeth dathlwyd 25 y mudiad a hi wnaeth

*Llywydd Cenedlaethol
Merched y Wawr 1990-92*

Arwain Gŵyl Haf MYW

Beirniadu Cystadleuaeth MYW

arwain 3,000 o ferched o'r Bala i'r Parc, mae'r lluniau yn deud cyfrolau! Pan oedd y mudiad yn Dathlu'r Deugain, Mair wnaeth sicrhau cyflwyniadau saith o ranbarthau y Gogledd a hynny yn ysgol y Bala – lle bu'n rhaid perfformio ddwywaith mewn haul tanbaid. Roeddwn i yn bersonol yn falch iawn mai Mair a Sylwen gafodd y fraint o dorri cacen Dathlu'r Hanner Cant yma yn y Parc, ac fe wnaeth ymddangos ar Dechrau Canu Dechrau Canmol, Beti a'i Phobl ac amryw o raglenni eraill.

Cynorthwyodd i greu murlun a fydd yn gofnod parhaol o fodolaeth elusen Merched y Wawr yn y Parc wrth Ddathlu'r Aur. Bu hefyd yn cynorthwyo i greu bagiau a chlustogau calonnau arbennig i ferched oedd yn dioddef gyda chancr y fron. Roedd yna frwdfrydedd i deithio gyda Merched y Wawr hefyd ac fe deithiodd i Athen, Rhufain, Awstria, Paris, Creta, Twrci a Lesotho a chael môr o hwyl a dod i adnabod merched dros Gymru gyfan.

Diolchwn iddi am ei chyfraniad aruthrol ac amhrisiadwy i Gymreictod, trwy sgets, monolog, drama, beirniadu ac arwain amryw o weithgareddau. Nid aiff ei henw fyth yn angof. Diolch iddi am fod yn ysbrydoliaeth i ni i gyd, ac am rannu o'i gweledigaeth fwy nag unwaith i sicrhau dyfodol disglair i ferched Cymru. Dywedodd *"Mae wedi bod yn bleser pur i mi gael bod yn aelod o'r Mudiad yma..... a ngobaith i ydi y bydd yr un egni a'r un brwdfrydedd yn parhau fel ag yr oedd yn y Parc 50 mlynedd yn ôl"*.

Fy mraint ydyw cyhoeddi y bydd yna wobr er cof am Mair Penri yn cael ei chyflwyno yn flynyddol yn yr Ŵyl Haf am y cyflwyniad neu'r adloniant gorau.

Argymhellion am fywyd perffaith yn ôl Dan Puw, y dyn perffaith

ATGOFION GAN YR WYRION A'R WYRESAU

Argymhellion wrth fwyta
– Pan fydd rhywun yn holi am ddŵr, peidiwch â meiddio llenwi'r gwpan yn syth ond rhoi digon i orchuddio'r gwaelod, aros am ychydig cyn bod yn ddigon ffeind a llenwi'r gwpan i'r top â dŵr.
– Ar ôl gorffen pob pryd bwyd, mae'n bwysig iawn llyfu plât, dydi o ddim bwys os ydi'ch rhieni ddim yn cytuno, dywedwch fy mod i'n gwneud, ac mi fyddan nhw'n deall!
– Mae'n bwysig wrth glirio plât bod angen gwneud cymaint o sŵn ag sy'n bosib gyda'ch llwy a'ch desgil.

Ffug enwau'r wyrion a'r wyresau
– Mae'n bwysig iawn bathu ffug enwau ar yr wyrion a'r wyresau, a'u defnyddio bob tro y byddwn i'n eu gweld nhw – Megw Bai (Begw Mai), Marged Moel Menyn (Marged Arenig), Cartha (Martha) neu Cochyn a Madi (Cadi).

Argymhellion ar gyfer chwarae gemau yn llwyddiannus
– Y nod – ennill pob gêm. Does dim gwahaniaeth beth yw oedran y plentyn: mae'n rhaid ennill!
– Os bydd y ffasiwn beth â cholli, mae'n rhaid rhoi'r argraff eich bod yn gollwr sâl gan sgrechian a phwdu.
– Y gemau sydd yn rhaid eu chwarae yw Donimôs, Gêm y Tŵr, rymi, hen ferch, Yahtzee a draffts

Argymhellion ar sut i dynnu coes
– Os y gwnewch chi ddarganfod bod rhywun yn casáu dannedd gosod mae'r tric yma yn siwr o weithio! Chwaraewch gyda'r dannedd gosod yn eich ceg. (Yng nghwmni Haf roeddwn i'n

Dan a Lona gyda'r wyrion a'r wyresau yn 2012.   LLUN EVAN L. DOBSON

gwneud hyn, cyn wincio ar Gwenno, Owain a Ceredig a chwerthin am hydoedd ar y tric!)
– Be ydi'r pwynt gyrru tecst call? Pam na wnewch chi geisio gyrru tecst, a thorri'r frawddeg yn eiriau pedair llythyren, e.e. Fyrh ifff onne wyd dimh annw ylwy res.

Mi *oeddech* chi'n daid perffaith, bob amser yn groesawgar pan oedden ni'n dod i aros yn Styllen, Llwyn Mafon neu Gwernydd. Den ni i gyd yn eich cofio chi pan oeddech chi'n iach, yn glên hefo pawb, yn llawn ddireidi ac yn gwneud gosodiadau Cerdd Dant i ni, ac yn ddigon parod i gynnig cyngor neu ddweud hanesyn digri am pan oeddech chi yn iau. Den ni'n lwcus iawn i fod yn wyrion, wyresau a gorwyrion i Dan Puw, Dyn y Parc, ac i gael eich galw chi yn Taid. Mi oeddech chi'n ddyn arbennig iawn, a mi fydd yn rhyfedd iawn hebddoch chi. Diolch am bopeth Taid, dech chi'n werth y byd!

Gwenno Puw Rowlands

Yng nghegin Styllen. Ceredig yn dal ei Daid yn ufuddhau i'w anogaeth ei hun, "Chwaraewch gyda'r dannedd gosod yn eich ceg. Yng nghwmni Hâf roeddwn i'ngwneud hyn, cyn wincio ar Gwenno, Owain a Ceredig a chwerthin am hydoedd ar y tric!"

Mair Penri

LLOYD DAVIES

Anghofia i fyth y noson gyntaf yr ymwelais â Mair Penri. Roedd hi'n bwrw glaw adref, a minnau'n meddwl y byddai hi'n wlypach fyth ochr draw i'r Berwyn, ond cefais fy syfrdanu. Heulwen braf yn tywynnu, a'r holl ryfeddodau'n dod yn fyw, ond roedd rhaid troedio llawer o ffyrdd cyn cyrraedd y Parc a chwmni Mair Penri, a dyma'r hanes.

Cefais fy addysg gynradd yn yr ysgol leol, Llansanffraid-ym-mechain, addysg Saesneg bryd hyn. Bachgen ifanc ffôl ydw i, sy'n mwynhau adrodd, actio a chanu, ac felly roedd digon o resymau i bobl fy mwlio. Pan ddaeth cyfle i fynychu chwe wythnos o gwrs Cymraeg yn yr ysgol uwchradd, bachais ar y cyfle. Mae Taid a Nain ar ochr Mam yn siarad Cymraeg, a Thaid a Nain ar ochr Dad yn deall, ond nid oedd Mam na Dad yn siarad Cymraeg. Hwn oedd fy amser i serennu wrth wneud rhywbeth.

System 'TROCHI' oedd y cwrs lle cawsom ni ein trochi yn iaith y nefoedd bob dydd trwy'r dydd. Erbyn blwyddyn naw roedd dewisiadau yn cael eu gwneud, a'r un cyntaf i mi oedd naill ai ymuno â grŵp mamiaith, neu lithro i'r ffrwd Saesneg. Heb feddwl ddwywaith, neidiais yn syth i ymuno â ffrwd y Cymry Cymraeg. Penderfyniad gwych mae'n rhaid dweud. TGAU trwy'r Gymraeg, wedyn ymlaen i lefelau A, a bellach yn astudio am radd cydanrhydedd yn y Gymraeg a Gwyddorau Chwaraeon. Yn ystod y blynyddoedd hyn, roedd ymweld â Mair yn amser llawn cyffro wrth geisio dysgu darnau adrodd newydd, a chlywed straeon difyr iawn am gyfnod Mair ei hun yn Ysgol Llanfyllin ac wedyn yn y coleg ym Mangor.

Nain oedd yn mynd â fi at Mair. Roedden yn myfyrio wrth deithio, ac wedyn wrth agosáu mi fyddwn i'n dechrau meddwl am y darn. Roedd Nain wrth ei bodd wrth hel atgofion efo Mair. Roedd Glannant yn llawn chwerthin.

Roedd trefn i bob ymarfer. Yn gyntaf eistedd a sgwrsio, wedyn adrodd y darn ambell waith, wedyn amser paned. Wrth yfed a siarad roedd llawer o hanesion difyr yn cael eu rhannu rhyngom. Byddai noson o ymarfer yn dirwyn i ben trwy redeg trwy'r gerdd eto unwaith neu ddwy, a minnau'n gobeithio mod i'n cofio popeth roedd Mair wedi gofyn i mi wneud. Rhaid bod yn onest, roeddwn i yn cofio yn eithaf da, ond roedd eithriadau, lle byddai'r llais unigryw yn dweud "Na, unwaith eto, rhaid iti gofio oedi". Fyddwn i ddim yn anghofio yn yr un lle wedyn. I gloi'r ymarfer, byddai Mair yn galw ar Mr Jones i ddod i wrando arnaf yn adrodd. Roeddwn yn gwybod a oeddwn yn iawn wrth edrych ar y ddau, ac os bydden nhw'n deud, "Da iawn ti" roedd hynny'n rhoi'r wên orau ar fy wyneb.

Cefais lawer o fwynhad yn ymweld â Mair Penri a Mr P Jones yn y Parc er mwyn dysgu llefaru, roedd yn gyfnod bythgofiadwy i mi. Fel y dwedais yn y cyfarfod cofio, roedd ymweld â'r Parc ym mysg yr amseroedd gorau dw i erioed wedi eu cael, ac mi fyddant yn aros gyda mi am byth. Rhaid cofio, er y bwlch mawr sydd wedi ei adael gan Anti Mair, mae hi'n dal yma yn ein hatgofion.

Diolch Mair Penri.

Atgofion Meibion Llywarch 1987-2016

HUW ANTUR

Tua dechrau 1987 oedd hi – cael cais gan Dan Puw (Dyn o Parc) i hel criw o Lanuwchllyn i fynd i ganu yn y Parc yr wythnos ganlynol. Erbyn deall roedd Dan wedi ymddeol o arwain a hyfforddi Parti Brenig, ac wedi cael awydd ffurfio parti cerdd dant i hogie o ardal Penllyn. Wedi cyrraedd y Parc sylweddoli fod yna genhadu mawr wedi bod, ac 16 o hogie (pawb ond un o dan 30 oed) wedi dod at ei gilydd, rhai o'r Parc, Llanuwchllyn, Maesywaun, Llanfor, Cwmtirmynach, Rhosygwaliau a'r Bala (yn ddiweddarach daeth aelodau o lefydd mor bell â Llanymawddwy a Thrawsfynydd). Does gen i ddim llawer o gof sut y daeth yr enw Meibion Llywarch i fod, ond o gofio fod Llywarch Hen yn fardd a thywysog o'r 6ed ganrif a gafodd 24 o feibion, a'i fod yn ôl traddodiad wedi bod yn byw ym Mhenllyn, roedd yn ddewis addas iawn.

 Doedd canu gwerin a cherdd dant ddim yn ddiarth i Benllyn, hefo llawer o gorau a phartïon wedi bod wrthi dros y blynyddoedd, gan gynnwys Meibion Llafar o'r Parc a oedd newydd ddod i ben bryd hynny. Fe sefydlwyd y patrwm yn fuan iawn – cyfarfod yn wythnosol yn Ysgol y Parc (neu yn y capel os nad oedd yr ysgol ar gael), ac ymarfer o 8.30 tan 10, er fod y chwarter awr gyntaf ac olaf yn fwy o sgwrs nag o ganu, ac egwyl hefyd hanner amser i falu ychydig o awyr. Mi aed ati i ddysgu 'chydig o ganeuon, jest digon i gynnal noson neu ddwy, ac roedd yr ymddangosiadau cyhoeddus cyntaf yn gymysgedd reit od o edrych yn ôl – bwrw'n swildod yng Nghanolfan Glantwymyn, canu yng Ngŵyl Ddrama Eisteddfod Powys yn y Bala, ac yna ar drelar mewn sied yn Fferm Ddolfach yn Llanuwchllyn yn Noson Lawen y Blaid.

Parti Meibion Llywarch cyn eu taith i Ganada 2002
LLUN: DYLAN JONES, NEREUS

Dan yn dal Tlws Rhianedd Môn, rhoddedig ers 1999 i'r buddugwyr yng nghystadleuaeth y Parti Alawon Gwerin yn yr Eisteddfod Genedlaethol. Enillodd Meibion Llywarch y tlws bedair gwaith; yn Ynys Môn 1999, Dinbych 2001, Casnewydd 2004, a'r Wyddgrug 2007. Roedden nhw wedi ennill y gystadleuaeth deirgwaith cyn i'r tlws ddod i fod, yn Yr Wyddgrug 1991, Llanelwedd, 1993, ac Abergele 1995. LLUN: DAILY POST

Penderfynu wedyn rhoi cynnig ar y gystadleuaeth Parti Cerdd Dant yn Eisteddfod Bro Madog 1987. Dwi'n cofio'n iawn camu i'r llwyfan yn y rhagbrawf yn Neuadd Garndolbenmaen yn ein jîns a'n crysau gwynion, a'r gynulleidfa yn torri allan i chwerthin. Chwerthin fu hi am y chwarter canrif a ddilynodd. Chafwyd dim llwyfan ym Mhorthmadog, ond roedd yr hedyn wedi ei blannu. Mynd amdani wedyn i'r Ŵyl Gerdd Dant yn Aberhonddu, a rhoi cynnig ar 'Ein Hiaith a Gadwant'. Dim lwc unwaith eto, a thaith hir adref o'r canolbarth.

Erbyn y 90au roedd y galw am y parti yn cynyddu o hyd, ac

Dan a Lona wrth y Llyn Ffisig, ar daith Meibion Llywarch i Ganada yn 2002. Mae cymaint o agennau yn y graig yn cario'r dŵr dan ddaear i ffynhonnau etc. yn is i lawr yn Nyffryn Athabasca fel bod y llyn yn sychu pan beidia'r toddiad eira yn niwedd yr haf. Tybiai'r trigolion cynhenid mai rhyw fath o hud oedd hyn, a galwyd ef yn 'Llyn Hud'. Roedd hud yn eu hiaith hwy yn debyg i ffisig yn Saesneg, felly 'Lake Medicine' ydoedd i'r mewnfudwyr.

Ford Ferguson, Canada 2002. Mae ambell un yn ddigon plentynaidd i neidio ar bob peiriant a wêl! Ford Ferguson (rhagflaenydd y Ffergi Bach) yw'r tractor.

roedd angen dysgu mwy a mwy o ganeuon er mwyn cael rhaglen lawn i gyngherddau – dysgu popeth ar Sol Ffa yn ddieithriad, Arfon yn dilyn Dan a phawb arall yn dilyn Arfon! Roedd angen digon o unawdwyr a chyfeilyddion, a thros y blynyddoedd mi fuodd Ffuon, Gwen, Sian, Bethan ac Eirian yn cyfeilio, a Sion Goronwy, Arfon, Edryd, Gwynant a Geraint yn canu unawdau, hefo perfformiad arbennig Dan o Drywsus Bach fy Nain os oedd stwff yn brin.

Mi ddaeth y prysurdeb i'w benllanw yn yr Eisteddfod Genedlaethol yn Abergele yn 1995, pryd yr enillwyd y dwbl, sef cystadleuaeth y Parti Cerdd Dant a'r Parti Alaw Werin. Yn dilyn y llwyddiant yma mi gafwyd tua 25 o alwadau, ac ychydig iawn a welodd gwragedd a chariadon yr hogiau ar eu partneriaid y gaeaf hwnnw.

Mae'n arferiad gan glybiau pêl-droed proffesiynol i sefydlu academi i hyfforddi pobl ifanc yn eu crefft, a dyna yn wir a wnaeth Dan hefyd trwy sefydlu Cywion Llywarch, ac mi weithiodd y cynllun pan ddaeth un neu ddau o'r criw iau i fyny trwy'r rancs ac ymuno â'r Meibion ymhen amser. Mi roddwyd cynnig hefyd ar gystadleuaeth y Côr Cerdd Dant mewn ambell i eisteddfod, a gwneud hynny trwy ddenu ambell aelod ychwanegol o wahanol gorau'r ardal, a chystadlu o dan yr enw Côr y Cewri, gyda Dan yn gawr mwy na neb. 'Roedd aelodau'r Meibion gyda llaw yn dilyn pob math o alwedigaethau, ac o'r 31 person gwahanol fu'n rhan o'r parti mi gafwyd sawl ffermwr, contractiwr, gyrrwr ambiwlans, gwerthwyr drygs, saer, mecanic a swyddogion cyngor sir. Doedd yr un aelod yn addysgu – tybed a oes yna gôr neu barti arall yn ddi-athro?

Mi ddaeth yna awydd i deithio tua diwedd y 90au, a chafwyd taith i'r Iwerddon yn 1998, i benrhyn y Dingle. Cawsom ganu mewn lleiandy ac mewn offeren ar y bore Sul, un o uchafbwyntiau y parti yn sicr. Roedd hi'n daith arbennig, gyda'r aelodau yn dod â swfenîrs adre hefo nhw, un yn byw yng Nghwm Peniel hyd heddiw!

Rhaid cofio yn y cyfnod prysur yma beth yn union oedd

Mynydd y Chwibanwyr, Canada 2002. Tri (neu 4!) o anturiaethwyr yn gorffwyso ar uchder o 8,000 tr. wrth ddringo'r Whistlers Peak, a enwyd oherwydd chwibaniad y marmotiaid cynhenid.
(ch-dd) Huw Antur, Anhysbys! Rhys Richards, Dan Puw

Dan a Lona yn Santiago de Compostela ar daith Meibion Llywarch i Galicia yn 2008

cyfraniad Dan i'r parti – Dan oedd yn gwneud y gosodiadau a'r trefniannau, yn hyfforddi'r parti, arwain nosweithiau, trefnu'r cyngherddau a'r trefniadau teithio. Fuodd yna erioed bwyllgor – Dan oedd y pwyllgor ac yn gwneud popeth ond gofalu am y pres, diolch i Alwyn ac Iwan am gyflawni'r gwaith yma.

Trefnwyd taith arall yn 2002, i Ganada y tro hwn, gan ganu mewn llefydd anhygoel fel Calgary ac Edmonton, Drayton Valley a Ponoka, a Dan hefo'i gap 'Dan Ddy Man' yn ein harwain o dref i dref. Mi ganwyd dwy gân Saesneg ar y daith yma (ar ôl chydig o ddadlau – yr unig ddwy gân Saesneg mewn bron i 30 mlynedd o ganu), sef 'I Will Follow Him' allan o'r sioe Sister Act, a chân y Three Bells. Mi gafwyd un daith arall ar ôl hyn, i Galicia yn 2008.

Elfen bwysig arall o raglen y parti oedd y caneuon Plygain, ac mi fuom yn canu ym Mhlygain Parc yn ffyddlon am bron i 30 mlynedd. Roedd y caneuon yma yn handi iawn yn y gystadleuaeth Parti Alaw Werin yn yr Eisteddfod Genedlaethol a'r Ŵyl Gerdd Dant, ac mi gafwyd sawl gwobr gyntaf dros y blynyddoedd.

Mae'n siŵr fod y parti wedi dod at ei gilydd i ymarfer oddeutu fil o weithiau dros y blynyddoedd, ymarfer trwy'r flwyddyn ar wahân i wyliau byr dros y tymor wyna, mis Awst a thros y Nadolig. Cafwyd rhai cannoedd o nosweithiau llawen a chyngherddau, dwsinau lawer ym Mhenllyn a Meirionnydd, mentro dros y mynydd lawer gwaith i Faldwyn, crwydro i lawr dyffrynoedd Clwyd a Chonwy, a ffeindio'n ffordd i Ben Llŷn a Sir Fôn o bryd i'w gilydd. Aethom dros y ffin i dair tref, sef Croesoswallt, Caer a'r Amwythig, i Geredigion (Aberystwyth a Llangwyryfon) ac i lawr i'r de ambell dro, i Gaerfyrddin, Crymych a Llanddarog. Dwi'n meddwl mai dim ond dwywaith y buom yn Arfon, sef yn y Groeslon a Bethel, ond hwyrach fod y cof yn pallu.

Dros flynyddoedd olaf y parti mi welwyd newid mawr ym mhatrwm y nosweithiau, ac yn anffodus lleihau wnaeth y galwadau. Tybed oes yna newid wedi bod yn ein cymdeithasau

Dan a Lona'n ymlacio ar daith Santiago de Compostela, 2008

*Dan yn arwain Meibion Llywarch yn
Santiago de Compostela, 2008*

gwledig dros y blynyddoedd, ac oes yna lai o nosweithiau yn ein neuaddau a'n festrïoedd?

Dim ond gofyn.

Daeth y cyfan i ben yn anrhydeddus fis Ionawr 2016 (pob aelod erbyn hyn dros 30 oed) ac mae ein diolchiadau i Dan yn ddifesur, nid yn unig am edrych ar ein holau ar hyd y blynyddoedd, am ddysgu caneuon ac alawon, ein cyflwyno i farddoniaeth Cymru, ond yn bennaf am greu cymuned o bobl oedd yn cael lot fawr o bleser bob nos Fercher, a dod â straeon a hanesion y Parc a'i gymeriadau yn fyw i ni.

Chwith oedd gweld ei iechyd yn dirywio dros y ddwy flynedd olaf, a'r dyn cryf yn gaeth i'w gadair, ond ei feddwl mor chwim ag erioed, a'r straeon a'r atgofion am ardal y Parc a'i thrigolion yn dal i lifo.

Ddiwrnod ei angladd fe aeth rhieni plant y Parc at yrrwr y bws oedd yn eu cludo i Ysgol O M Edwards i'w rybuddio y byddai traffig trwm yn y pentre y pnawn hwnnw "oherwydd fod angladd yn y Parc". Aeth y plant yn eu blaenau i'r ysgol ar ôl clywed y neges, a dweud yno wrth bennaeth yr ysgol y byddai'r bws yn mynd adref ar ffordd wahanol yn y pnawn "oherwydd fod ymladd yn y Parc".

Mi fyddai Dan wrth ei fodd!

Ymgomio'n Llwyddiannus

CEREDIG PUW

2009 oedd hi, a finne ym mlwyddyn 5 yn ysgol Parc efo Harri Andrews ac Ilan Jones, a Dan Roberts ym mlwyddyn 6; y pedwar bachgen hynaf yn yr ysgol. Cystadleuaeth yr ymgom yn yr Urdd y flwyddyn honno oedd cyflwyno detholiad o'r nofel 'Bwli a Bradwr', nofel yn seiliedig ar Streic Fawr Chwarel y Penrhyn. Anti Mair oedd yn hyfforddi, a hi oedd wedi creu'r sgript. Dan, y bachgen tal oedd yn actio rhan y bwli, tra roedd Harri yn fab i chwarelwr a drodd yn fradwr. Fi oedd y lleia o ran taldra, ond fi oedd yn achub cam Harri ac yn sgwario at Dan, ac roedd hyn yn creu ymateb hwyliog yn y gynulleidfa. Y peth ydw i'n gofio ydi'r hwyl fawr yn yr ymarferion efo Anti Mair, ond lwc owt os nad oedden ni'n gwybod ein geirie. Aethon ni drwodd yn llwyddiannus drwy'r cylch a'r sir, a landio yng Nghaerdydd, a chael llwyfan ac ennill. Ond doedd yr hyfforddwraig ddim yn yno i'n harwain ni drwy'r profiad gan ei bod hi ar 'cruise'. Dwi'n cofio Rhian Dafydd yn ei ffonio hi efo'r newyddion da a hithe wedi gwirioni'n bost.

Flynyddoedd cyn hyn, roedd Ilan a finne'n ifanc iawn yn actio cŵn mewn rhyw sgets neu ddrama fach, ac fel mae plant, dyma ni o'r llwyfan yn sbecian dan y llenni i'r gynulleidfa. Wel, dyma ni weiddi! Doedd hyn'ne ddim yn beth i'w wneud o

Ceredig a Mair

gwbwl, mwy nag oedd edrych i'r gynulleidfa tra roedden ni'n actio, mwy nag oedd troi cefn ar y gynulleidfa! Dwi hefyd yn cofio'r geirie, 'PAWB Â'I FEDDWL AR EI WAITH!' yn y llais unigryw hwnnw, y bys yn pwyntio ar 'i fyny, hithe'n eistedd ar flaen 'i chadair ac yn edrych dros 'i sbectol. Hwyl ydw i'n gofio beth bynnag oedd hi'n neud. Os oedd hi'n sgwennu sgets roedd hi'n bownd o fod yn hwyliog, os oedd hi'n actio, roedd y gynulleidfa fel arfer yn rowlio chwerthin, ac os oedd hi'n cynhyrchu roedd 'ne filoedd o hwyl i'w gael yn yr ymarferion.

Roedd 2009 yn flwyddyn dda iawn i ni, achos roedd yr Eisteddfod Gendlaethol yn y Bala a Miss Dafydd ac Anti Mair yn penderfynu ein bod ni'n cystadlu yn y gystadleuaeth drama fer un act. Dyma ychwanegu at y cast o bedwar gwreiddiol, Heledd a Non Ty Cerrig, Dafydd Penbryncoch, Rhun Dafydd ac Owain fy mrawd ar gyfer perfformio addasiad Anti Mair o 'Ta Ta Tryweryn'. Dwi'n cofio mai fi oedd yr athro, ond yn anffodus unwaith eto roedd y plant bron i gyd yn dalach na fi – testun difyrrwch i gynulleidfa eto mae'n siwr. Cael rhagbrawf yng Ngŵyl Ddrama Corwen i ddechre, lle'r enillais i gyda llaw wobr y prif actor dan 18. Dwi'n cofio hyn yn dda gan fod Owain a finne wedi pechu'n arw yn erbyn dad ar y pryd trwy roi morthwyl drwy ddrysau llofftydd ein gilydd wrth ffraeo! Ond, mi fuodd llwyddiant yng Nghorwen yn ffordd i mi ddod yn ôl i'r llyfre, ac yn ffordd o ddod â'r gosb erchyll o agor ffos efo rhawie yn y glaw i ben!! Ond y peth mwya cofiadwy ydi ein bod ni wedi ennill y gystadleuaeth yn Y Bala, A HYNNY YN ERBYN GLANAETHWY!

Yn eisteddfod genedlaethol Dryffryn Conwy roeddwn i'n sgwrsio efo pobl oedd yn digwydd bod yn llywodraethwyr ar ysgol gynradd leol weddol o faint. Roedden nhw'n honni nad oedd plant mewn ysgolion bychain gwledig yn cael yr un cyfleon â phlant mewn ysgol fawr. Rydw i'n anghytuno'n llwyr efo'r farn yma. Oni bai am ysgol fach Parc, ac oni bai am Anti Mair fyddwn i byth wedi cael cyfle i wneud y pethe rydw i wedi sôn amdanyn nhw yn yr erthygl yma.

Straeon Dan, Gŵr Tŷ

MYRDDIN AP DAFYDD

Roedd direidi a mwynhad yn rhan allweddol o ddiwylliant Dan – ac mae'n nodweddiadol o'i ardal hefyd. Pa ardal ydi honno'n union? Dyma'i ddisgrifiad ohoni yn ei gyfrol, ac wrth iddo flasu'r enwau lleol mi allwn gael cip ar wreiddiau dyfnion ei gariad ati.

A'r ardal? Wel, mae yna ddau enw ar honno hefyd. Y Parc ger y Bala yw'r enw a ddefnyddir heddiw, ond dair neu bedair cenhedlaeth yn ôl Cwm Glan Llafar oedd enw'r darn yma o dir sydd rhwng Arenig Fawr a Llyn Tegid yn y rhan honno o baradwys a elwir yn Penllyn. Pentref bach iawn ar fin afon Llafar, mwy neu lai yng nghanol y cwm yw'r Parc. Yn ôl y sôn, byddai tipyn go lew o drafaelio ar hyd y ffordd oedd yn arwain o'r Bala, heibio i Lanycil, drwy Gwm Glan Llafar, dros y Bwlch Llwyd i Flaenlliw, ymlaen wedyn dros Fwlch yr Wden i Drawsfynydd, ac efallai ymlaen i Ardudwy. Yn nyddiau'r cerdded mae'n bur debyg mai dyma'r ffordd fyrraf i gysylltu'r ddwy ran arbennig yma o'r wlad, ac roedd cae bach reit hwylus i orffwys anifeiliaid ynddo ger y rhyd lle croesai'r ffordd afon Llafar. Synnwn i ddim nad moch oedd yn ei ddefnyddio amlaf, oherwydd bedyddiwyd y cae yn Barc y Moch. Cydiodd yr enw yn y saith tŷ gerllaw, nes i'r trigolion sylweddoli, mae'n debyg, y gallai'r rhan olaf ohono adlewyrchu'n anffafriol ar farn y cyhoedd yn gyffredinol ar eu glanweithdra, felly bwriwyd allan 'y Moch' o'r enw.

Cymaint o straeon. Dyna oedd yn ein dal yn ôl rhag cyhoeddi ei gyfrol. Bob hyn a hyn, cyrhaeddai pennod arall. Yna, nodyn

Teulu Styllen yn 1943.
(ch-dd) Beti, W.H.Pugh, Dan, Gwen Pugh, Elinor

yn dweud y byddai'n rhaid disgwyl i dri neu bedwar farw cyn cyhoeddi! Bob steddfod neu ŵyl, byddwn yn ei weld a byddai'n gwneud llwybr tarw amdana' i gan fy siarsio i beidio â phoeni am ei lyfr, ei fod ar y gweill ac yn sicr i ti, mi ddôi i'r fei yn y man. Hyn efo gwên ddireidus wrth gwrs. Yn flynyddol.

Ond un flwyddyn, wnaeth ein llwybrau ddim croesi yn y Steddfod. Rhag i'r traddodiad bylu, mi yrrais lythyr ato ar ôl mynd adref, gan feddwl y byddai cosi efo pluen yn well na dod â'r ordd i lawr:

'Annwyl Dan,
Sut mae pethau acw?
   Cofion cynnes,
    Myrddin.
Gyda'r troad, daeth ateb o'r Parc:

Annwyl Myrddin,
Iawn diolch. Sut mae pethau efo tithau?
   Cofion cynnes,
    Dan.

Dyna sut roedd y gyfrol yn dod yn ei blaen dow-dow. Mae'r llun ar ei chlawr yn dangos mai diwylliant efo gwên oedd yn bwysig iddo. Y tu ôl i'w wên ddireidus, farfog, mae stori arall. Cyrhaeddais ei gartref gyda'r camera ar ddiwrnod tynnu'r llun.

'Be wyt ti am wisgo, Dan?' oedd cwestiwn Lona.

'Siwt.'

'O da iawn, Dan.'

Diflannodd drwy ddrws y gegin. Roedd yn ei ôl mewn dau funud yn gwisgo boelar-siwt.

'O, Dan. Ddim hon'ne!'

'Ie, debyg iawn!'

Ond o leiaf roedd hi'n boeler-siwt lân.

Yn naturiol, roedd y straeon amdano'n troelli o amgylch y byrddau yn y te cynhebrwng yn hen Ysgol y Parc ar ôl y gwasanaeth cofio. Roedd Geraint Dafis, gwas Styllen am flynyddoedd yn cofio'i hun yn dechrau ar ei ddiwrnod cyntaf efo Dan.

'Wyt ti'n medru godro?' oedd y cwestiwn cyntaf ar y buarth.

'Ydw,' atebodd Geraint. 'Mi o'n i'n godro cant ac ugain yn y fferm ddiwetha'.'

'Dacw fo'r beudy,' pwyntiodd Dan. 'Gei di ddechrau'n fan'na 'ta.'

Un fuwch oedd ym meudy Styllen. A godro efo llaw oedd y drefn.

Bu'r gwas newydd yn bustachu am hydoedd, gan fethu â thynnu diferyn o'r pwrs llawn. Toc, dyma glywed piffian chwerthin y tu ôl iddo. Dan oedd yno, wrth gwrs.

'Fel hyn, wel'di.'

Agorodd ddrws ochr a gollwng y llo at y fuwch. Cymerodd y llo un deth ac yna gallai'r gwas odro'r dair teth arall i'r bwced.

Ar dro arall, roedd y ddau'n ffensio wrth Llyn Arenig, Dan ar ochr y llyn a Geraint ar ochr y ffridd. Wrth fynd yn eu blaenau, roeddent yn nesu at y pen dyfnaf ac roedd y llethr yn serth o'r ffens i'r dŵr, gyda Dan yn gwneud sioe i ddangos ei fod yn cael trafferth i gael lle i'w draed mewn ambell fan. Trodd Geraint ei gefn ar y ffens am funud i estyn am bolyn. Dyna pryd y clywodd sblash fawr y tu ôl iddo. Pan drodd, nid oedd olwg o Dan, ond roedd cylchoedd yn lledu ar wyneb y llyn . . .

Gwyddai nad oedd Dan yn medru nofio. Yn ei banig, roedd

Yn Styllen gyda'r ci a alwodd yn Preis
(enw un o'i feibion yng nghyfraith!)

Cegin Styllen 1963. John Pugh ('Fy Ewyrth John'), W H Pugh, Dan Puw, Gwen Pugh, Lona Puw, Maria Olmstead (Gadawodd ei thaid Styllen ac ymfudo i America yn yr 1840au. Er hyn, cadwyd y cysylltiad dros dair cenhedlaeth)

Y tynnu cyfleth traddodiadol yn Styllen. Dan yn tynnu, Dafydd (Dei If) ar y dde a Wyn Thomas ar y chwith, dau gyfaill oes iddo, a Lona wrth y sinc fel arfer!

ar fin neidio i'r llyn ei hun pan glywodd y piffian chwerthin yna eto – Dan yn ei gwrcwd yn y rhedyn ar ôl iddo daflu clamp o garreg i'r dŵr.

Mae'r darn isod o'r cyfnod pan oedd Dan yn arwain Parti Brenig yn ardal Cerrigydrudion. Mae'n cyfleu mor agos at ei galon a'i enaid yr oedd ei ddiwylliant.

Mae arna i un ddyled aruthrol iddynt. Yn haf 1978 fe gollais Mam a Beti fy chwaer o fewn mis i'w gilydd. Roedd Mam yn bump a phedwar ugain, a Beti ond yn bum deg pump. Y cwestiwn a'm poenai oedd beth i'w wneud â'r ymarfer y ddwy nos Sul wedi'r ddau angladd. Wel na, nid ar ôl y ddau angladd, ond y nos Sul ar ôl angladd Mam. Doedd arna i ddim llawer o awydd canu fy hun a dweud y gwir, a dywedai rhyw lais ofn-be-ddwedith-pobol y dylwn aros gartre, ond roedd llais

Yn Styllen ym Medi 2015 yn ystod diwrnod agored wedi ei drefnu gan Undeb Amaethwyr Cymru. (ch-dd) Gwenno Puw Rowlands, Hâf Puw, Euros Puw, Iolo Puw, Dan Puw a Lona Puw

cryfach yn gweiddi, 'Be, aros adre, a hithau wedi treulio oes i ganu ac i rannu ei dawn gydag eraill?' Yn y diwedd y llais olaf a orfu. Dwn i ddim oedd y merched yn ymwybodol o beth roeddynt i fod i wneud yn y practis hwnnw; roeddwn ym min dagrau ar ddechrau'r ymarfer, a fu yna ddim hyfforddi, dim ond canu'r pethau a ddysgwyd yn bur dda. Dwn i ddim sut y canson nhw go iawn, ond dyna oedd y therapi orau fedrwn i erioed fod wedi ei gael. Mi fydda i'n hoffi meddwl na roison nhw 'rioed ffasiwn berfformiad i neb ag a wnaethant i'r gynulleidfa o un oedd ganddynt y noson honno. Mae pawb yn delio â phrofedigaeth yn ei ffordd ei hun, ond fe euthum adre yn teimlo fel pe bawn wedi cael rhyw ollyngdod; doedd colli Mam ddim yn ergyd greulon mwyach, oherwydd roedd canu'r nos Sul hwnnw fel pe bai wedi llenwi'r gwacter. Diolch ichi, lats – doedd gen i ddim amheuaeth beth i'w wneud y nos Sul ar ôl angladd Beti.

Llenwi'r gwacter ar ei ôl wnaeth Meibion Llywarch wrth ganu geiriau 'Y Gwladwr' gan Gerallt Lloyd Owen yng nghyfarfod cofio Dan a Mair yng nghapel y Parc ddiwedd Ionawr hefyd. Ni chanwyd y geiriau erioed yn fwy angerddol a chyhyrog. Awdl Gerallt i'w daid ydi hi, ond y noson honno, darlun o Dan roedden ni'n ei weld.

> Y mae'r goeden eleni
> Yn hen, ond derwen yw hi . . .
> Bydded i mi egni hon,
> Deunydd ei safiad union,
> A rhodded ei hen wreiddiau
> Reffynnau praff i'n parhau.

Holi Mair Penri

O GOLOFN HOLI HON, A HOLI'R LLALL YN Y WAWR

1. Briodoch chi â'ch cariad cyntaf?
Naddo, ond doedd 'run ohonyn nhw yn yr un cae â'r un lwyddais i'w fachu yn y diwedd!

2. Pwy yw eich arwr/arwres, neu pwy sydd wedi dylanwadu ar eich bywyd?
Merched y Parc gyda'u brwdfrydedd heintus.

3. Pan fyddwch yn ymweld â thre fawr, pa siop sy'n eich denu?
Siop emau a siop 'sgidiau – fedra' i ddim pasio 'run heb aros i sbïo.

4. Beth yw'r wefr fwyaf a gawsoch erioed?
Cwmni Drama'r Parc yn ennill yng Ngŵyl Ddrama Powys yng Nglyn Ceiriog ym 1983, a ninnau'n cystadlu am y tro cynta erioed. Ac ennill efo'r un cwmni yn Eisteddfod Genedlaethol Aberystwyth 1992.

5. Ydech chi'n credu y dylid adfer y gosb eithaf?
Nagydw – mae gormod o gamgymeriadau wedi eu gwneud yn y gorffennol.

6. Pa gerddoriaeth sy'n eich denu?
Rydw i'n un o'r bobl brin rheini fedr fyw heb gerddoriaeth, er bod rhyw gân neu'i gilydd yn fy mhen yn wastadol.

7. Ydech chi'n darllen eich Beibl yn gyson?
Ydw, bob dydd, dyma mi gredaf ydi sail bywyd ysbrydol. "Wrth in wrando'r Iesu / Haws adnabod Duw".

8. Beth sy'n codi'r felan arnoch?
Diffyg brwdfrydedd, a phobl sy'n deud "Does gen i mo'r amser". Mae gan rheini'n aml fwy o amser na neb fel y gwyddom yn iawn.

9. Ydech chi'n credu y gellir adfer yr iaith i'w hen ogoniant?
Dydw i ddim mor siwr bellach, oni bai fod gennym 'fwy o galon i'r gwaith', a dolop go gry o'r brwdfrydedd hwnnw y soiniais amdano uchod.

10. Ydech chi'n cynllunio'n ofalus ymlaen llaw wrth brynu dillad neu ddodrefn i'r tŷ?
Nagydw! Mae gen i ormod o lygad am fargen!

11. Pa gylchgronau Cymraeg fyddwch chi'n ddarllen (heblaw'r Wawr)?
Golwg, Y Goleuad.

12. A oes gennych fan delfrydol sy'n rhoddi boddhad i'r enaid?
Dros y Berwyn o Feirion i Faldwyn, ac yn ôl.

13. A oes gennych unrhyw dasg yr hoffech ei chyflawni eto?
Ar ôl actio'n amatur am dros 30 mlynedd, buaswn wrth fy modd cael nod uwch i anelu ati.

Atgofion

MARTHA PUW

Atgofion

Ar ddechrau pob gwyliau rwy'n edrych ymlaen
At blygu fy nillad a phacio fy magiau
A theithio am oriau dros fynydd a gwaun
I aros am 'chydig gyda'm ffrind gorau.

Rwy'n codi yn gynnar i'w ddeffro yn hy,
Ond yno yn smala mae'n darllen ers oriau,
Rwy'n bwyta fy mrecwest cyn gofyn yn glên
I chwarae am 'chydig gyda'm ffrind gorau.

Y fo yw pencampwr yr Yatzee a'r 'Tŵr'*
A minnau'n ymdrechu a thrio fy ngorau
"Heb obaith caneri!", mae llawer o stŵr
A chwerthin am 'chydig gyda'm ffrind gorau.

Gall dynnu ei ddannedd neu chwislo'n ddibaid
Ar nain yn y gegin, neu adrodd storiau
Am hwn neu am arall, a minnau'n ymgolli
Wrth wrando yn astud ar fy ffrind gorau.

Bob blwyddyn bu'r gwyliau yn raddol fyrhau
Ac yntau'n arafu, ddim cweit yn ei hwyliau
Roedd rhywbeth o'i le a minnau'n tristhau;
Mor fawr yw fy hiraeth am fy ffrind gorau.

(*Y Tŵr yw fersiwn 3D o'r gêm Four in a Row)

FFUGENW: Pwt (Martha Puw)

Seren

CAOIMHE MELANGELL

Seren

Mae hon yn disgleirio'n llawen,
Ac mae'n mwynhau gwylio noson lawen,
Hi yw fy arwr i,
Nid rhywun fel Gareth Bale, eich arwr chi.

Mae'n mynd i Affrica,
A chlywed yr adar yn canu ca-ca,
Mae wedi bod yn Awstralia,
Ac wrth ei bodd yn bwyta hufen iâ.

Bydd hi'n llefaru am orie,
A byth eisiau codi yn y bore,
Mae'n pregethu am Dewi Sant,
Ac mae'n hoffi bod yng nghwmni plant.

Mae dewrder ynddi,
Yn llawn hyder yn ei chancr,
Cafodd hi lwythi o ddyddiau du,
Ond maen nhw'n gwella gyda'n cariad ni.

Mae Morrissons yn lle i ni fynd,
Neu ar wyliau awn ni,
O Arberth i Gaerdydd ac i'r Eisteddfod,
Cawn fil o atgofion llawn hwyl a sbri.

Mae'n cerdded llwythi felly mae hi'n fain,
Mae hi'n dal yn dda efo'i sain,
Ond y seren hon,
Yw'r seren lon,
Fy annwyl Nain.

Dan Styllen

MYRDDIN AP DAFYDD

Dan Styllen

wrth iddo dderbyn Medal THPW
Eisteddfod Genedlaethol Môn, 2017

Awst yr alaw, Awst yr awen – ac Awst
    ein gŵyl a'i hwyl lawen,
Awst pan ddown ni i gwmni gwên
a diwylliant Dan Styllen.

Awst y Maes; Awst â mesen – yn ei nyth;
    Awst yn nerth y dderwen
A'r pridd, a phelydrau'r pren
yn deillio drwy Dan Styllen.

Awst y trosol drwy ddolen – y gadwyn;
    Awst ailgodi'r wagen
yn y cae; Awst ifanc hen
y diollwng Ddan Styllen.

Awst y Fedal; Awst y ddalen – newydd
    yng nghynhaea'r heulwen;
Awst mawl llais ac Awst mawl llên
i allu'r hoff Ddan Styllen.

*Dan yn derbyn Medal T.H.Parry-Williams
yn Eisteddfod Genedlaethol Môn, 2017*

Dan, y 'pennaeth mwyn' ynghanol ei deulu llawen ar ddydd derbyn Medal T.H.Parry-Williams yn Eisteddfod Genedlaethol Môn, 2017. *(llun drwy garedigrwydd BBC Cymru)*

Mair

ARWYN GROE

Mair

Un o ansawdd bro Nansi,
O'i phridd a'i thiroedd oedd hi;
Roedd tân y gân yn ei gwedd
Ac arni stamp Pen-Garnedd,
A henfaes y wên enfawr
Yn y ferch o Benbontfawr.

Yn ei gwaed o'i thraed i'w thrwyn,
Wedi'i mowldio ym Maldwyn!
Yn fy hwyl mawrygaf had
A thiroedd ei gwneuthuriad.

O'i hen diroedd, ei stori,
O dir mwyn, ei drama hi.
Grym ei swyn o Faldwyn fu,
O Ferwyn ei llefaru,
A sgwarnog Llangynog aeth
I'w hesgyrn a'i chynhysgaeth.

Ei brodir, ei thir drwy'i thant
Hi beunydd, ac o Bennant
Node'i byw. A lli' di-baid
Hen y Tanat, ei henaid.

Ein seren i'w thrysori, – a thunnell
   ffraethineb Mair Penri
drwy'n ffurfafen yn llenwi
muriau noeth ein Cymru ni.

Teyrngedau'r Beirdd i Dan

AMRYWIOL

Y mae'r traddodiad barddol yn gryf o hyd yng Nghymru, ac un agwedd ar y traddodiad hwnnw yw'r cerddi cyfarch a gyfansoddir i wahanol bobol ac ar wahanol achlysuron. Eisioes cafwyd cyfarchion Myrddin ap Dafydd i Dan. Nid fo yw'r unig un i'w gyfarch, a dyma ddetholiad byr o weithiau beirdd eraill, - englynion i gyd fel mae'n digwydd. Vernon Jones Bow Street i ddechrau yn disgrifio Dan:

> Ei wên oleua'r tannau – hwn yw llyw
>   Ail Llywarch yr oesau;
>   Awen a cherdd i'n iachâu,
>   Dan Puw yw'r dyn â'i piau.

Yna, pwy ond Dic Jones, a roes iddo enw nas cafodd erioed gan neb cyn hynny, sef Deon y Parc

> Yn ei fro fel byddo byw – ei thelyn
>   A'i thalent unigryw,
>   Rhag tôn estron a'i distryw
>   Deon y Parc yw Dan Puw.

Darllen ei lyfr Dan Puw *Dyn y Parc* oedd yr achlysur i Iwan Morgan ei gyfarch:

> Seiniau Llafar sy'n seinio – yn ferw
>   O ddifyrrwch drwyddo;
>   Ei gamp yw rhoi doe ar go
>   Â graen – mewn arddull gryno.

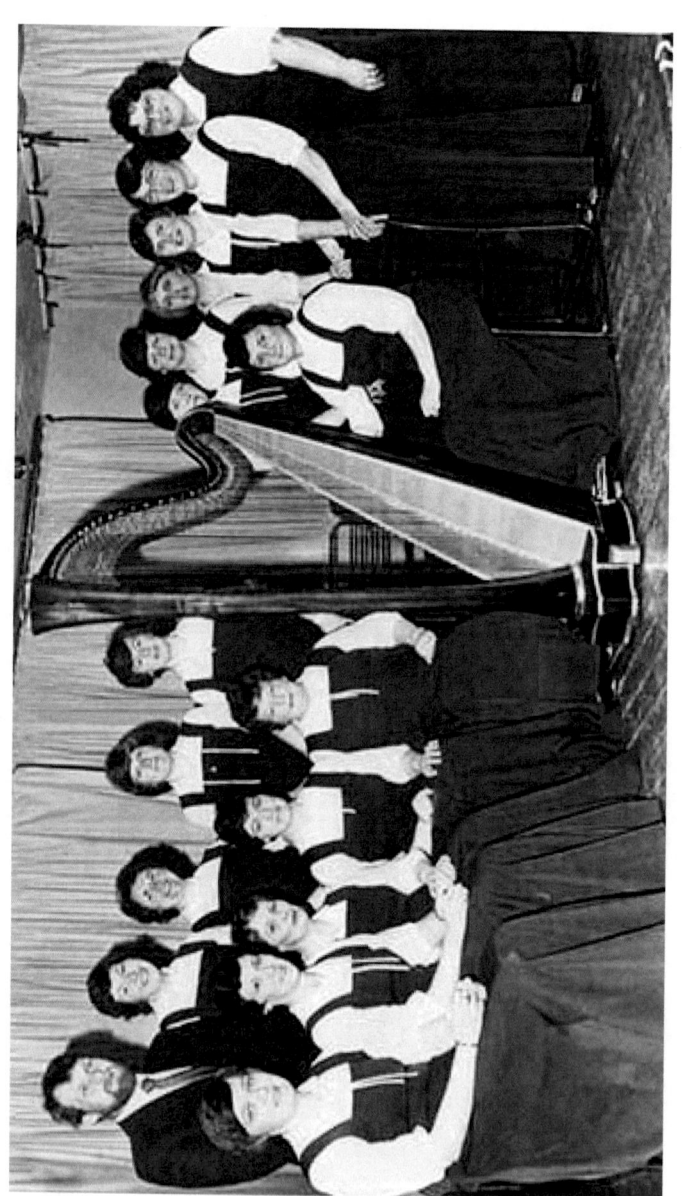

Parti'r Brenig c.1980

Bu Dan yn arweinydd a hyfforddwr Parti'r Brenig am flynyddoedd, a dyma'r Prifardd Elwyn Edwards yn ei gyfarch pan ymddeolodd o'r cyfrifoldeb hwnnw:

> Arweiniaist Barti'r Brenig – ar hyd llwybr
>   Dy holl hil ddeheuig,
>   A'u rhoi ar eithaf y brig
>   Gnawd ac enaid y ganig.

Nid cyfarch a llongyfarch yn unig a wna beirdd Cymru ond galarnadu hefyd, mynegi ein tristwch ni oll pan fydd yna golli. A dyna wnaeth Gruffudd Antur mewn cywydd ac englyn i gofio Dan:

Arwydd

> Wrth i'r flwyddyn ddihuno
> fesul oen, fe sylwai o
> ar ddaear ddiaddewid
> ei gwm yn fywyd i gyd.
> Ddiwedd Mawrth, o'r diwedd, mae
> lliw Ebrill ar holl lwybrau'r
> Derwgoed, fel erioed yr â'r
> holl ofid dan ddŵr Llafar
> wrth i wedd y buarth ail
> fywiogi, a'r hen fugail,
> fel ei fab, yn adnabod
> ochr y waun a chylch y rhod.

>   Nid trwy glec y gwynt a'r glaw yn lleddir,
>   Nid fel lladd y deunaw;
>   Fesul Mawrth trist a distaw,
>   Dant wrth dant: felly y daw.

Mair Penri

EMRYS ROBERTS ac R. O. HUGHES

Mair Penri
(*Beirniad Gŵyl Ddrama y Foel a'r Cylch, 1991*)

O awelon Parc, Bala, – y daeth Mair,
    Daeth am orig yma
    I ddweud pam bod un ddrama
    Yn dop ar y gweddill da.

O fentro rhoi'n y glorian – eu hafiaith,
    Pwy o'r ifanc syfrdan
    Eu cof gaiff ddathlu'n y Cann
    Heno 'rôl cipio'r Cwpan?

Athrawes yw'n y tresi, – un heb lol,
    Ac i blant a'u hasbri
    Pa well na'i ffyddlondeb hi,
    Pa anrheg fel Mair Penri?

Haul o ynni ysblennydd – yw i dorf
    Merched y Wawr beunydd;
    Nid yw ffals, – roced o ffydd
    Yw llais llewes y llywydd!

Fel beirniad llon mae'n donig, – a'i siarad
    Siriol mor ffantastig
    Â chlebar adar y wig, –
    Di-ffws botelaid ffisig.

Dowch ar sbîd fel torpîdo – yr eilwaith
    I'r Ŵyl lle bydd croeso
    Cofiwch, a brysiwch i'n bro –
    Fel bom dowch atom eto.

                        Y Prifardd Emrys Roberts

Teyrngedau ar ffurf englynion a chywydd gan R. O. Hughes Llanfyllin i nodi gwahanol achlysuron.

Ar ôl gwylio cyflwyniad o 'Sali' yng Nghapel Tabernacl Llanfyllin, cynhyrchiad Mair Penri.

Gweled gwaith Buddug Medi, – a rhannu
    Arweiniad Mair Penri,
  Ei sail oedd bywyd Sali
  A naws yr hanes i ni.

O lunio'r holl gyflwyniad, – yn eglur
    Bu cur a bu cariad:
  Ar y lôn i ffeiriau'r wlad,
  Byd cul a bywyd calad.

Byd pregeth a phregethwr,
Byd y Gair oedd byd y gŵr,
Byd cennad a chenhadwr,
Dysgu a gwas'naethu'r Gŵr.
"Beibl i bawb o bobl y byd"
A'u hanfon i'r cyfanfyd.

Cyflwynedig i Mair Penri mewn Noson Lawen yn Llangynog ar Achlysur Penblwydd Papur Bro Yr Ysgub yn 21 oed.

Llywydd ein penblwydd llawen, – a heno
    Brenhines ein rhaglen,
  O gael hon, y ddynes glên,
  Yn ein sir, cawsom seren.

Noson Lawen eleni – yn nwylo'r
    Anwylaf Mair Penri,
  Ei hwyl iach dihafal hi
  Ydoedd aur i'n diddori.

I gofio Mair Penri, Gorffennaf 2019

Ennill braint ac ennill bri – y Llywydd
    Llawen yn llawn ynni
    A rhagor i'w chlodfori
'N ystod ei thaith hynod hi.

Dan yr Ymrysonwr

Camgymeriad
Yr oedd Elen yn benwan, – oherwydd
    Fod ei chariad, Deian,
  Yr un dwl, ar ennyd wan
  Wedi 'myrryd â Marian.

Pennill Mawl i un o Bum Plwy Penllyn
O gopa hardd yr Aran
Mae cyfoeth hyd Garn Dochan, –
Y creigiau lle mae aur yn stôr,
Ond côr sy'n godro'r arian!

Pennill i gyfarch rhywun ar fethu prawf gyrru
Ein diolchiadau iti
Gan bawb o fewn y fro
Fe ddeil ein ffyrdd yn ddiogel –
O leiaf, am y tro.

Y Tyrchwr
(Gŵr o ardal Parc, a thyrchwr o fri yw Gwynfryn Williams y cyfeirir ato yn y llinell olaf)

Yn ein Hafallon dirion nid ery
Nam yn ei thir, ac yma ni thery
Gwahadden ysig yn hyllig dyllu
Dan borfa diadell. Gwelir felly
Nad oes briddwal i'w chwalu gan undyn
Diolch i Gwynfryn ei hun am hynny.

Tribannau i dri gwleidydd

Donald Trump
Ei wallt fel cynffon gwiwer,
Mae'n fôr o hunanhyder
Yn trydar hyd a lled ei wlad
A siarad ar ei gyfer.

Nigel Farage
Un styfnig, Sais o ddifri;
Rhai fynn ei alw'n benci
Â'i beint mewn cornel wrth y bar
Yn clochdar fel hen dwrci.

Theresa May
Gwraig o olyniaeth Thatcher
Sy'n siapio'n deyrn a hanner;
Pa etifeddiaeth ddaw i'n plant –
Ai ffyniant neu orthymder?

Gorffen limrig (*y llinell gyntaf wedi ei gosod*)
Yn Parc y mae achos i synnu
Fod gwalltiau y dynion yn gwynnu,
A phennau y gwragedd
Yn dduon ddiddiwedd
Mae rhywbeth yn rhyfedd yn hynny!

Triban 'Tri pheth nad wy'n eu hoffi'
Tri pheth nad wy'n eu hoffi
Yw geiriau ar ffurflenni,
Y sylwedd gwlyb sy' 'nŵr pob llyn,
A *strychnine* gwyn mewn coffi.

Limrig yn edrych ymlaen neu wedi cael llond bol ar rygbi
F'adduned oedd symud eleni
At Bi Bi Sî Ffôr a'i rhaglenni;
   Mae angen rhoi clec
   I Es Pedwa Wreck,
Dwi wedi cael digon o rygbi.

Cwpled yn hysbysebu unrhyw wasanaeth
(*pan oedd Huw Dylan yn Feuryn!*)
I gael 'hwyl' pregethu glân
Un di-ail yw Huw Dylan

Telyneg ar y testun 'Y Parlwr'
A'r teulu'n chwyrnu cysgu,
Gynt, sleifiwn gyda Sian
Trwy'r drws i geisio cusan
Ger marwor coch y tân.

Mae'r fflamau'n eirias heno,
Ond er nad yw'r un tân
Mewn mynwes, rwy'n dal yma
'N fy henaint gyda Sian.

Parodi ar bennill cyntaf ac olaf 'Tylluanod' R.Williams Parry
(*Y Parch. John Gwilym Jones oedd y Meuryn*)
Pan fyddi di'n y Bala
Yn barnu beirdd fel hyn,
Mae pont 'rhen was, mi gymraf lw,
Ger mwnwgl y llyn,
Rhyw dasgau byr fydd orau co'
Pan ddoi i'r ardal ar dy dro.

Ond os diflasi'r cread
Gyda rhyw dasgau maith,
Gwylia rhag diwedd di-ystŵr

Mewn dyfnddwr oer a llaith,
Ni fydd dy ffarwél, mi wna lw,
Ond gargl dawel, 'Twdlw'.

6-8 llinell o gywydd 'Pa iaith fel iaith y Pethe'?
Mae sŵn tirf, mae seiniau teg
Yn llonni'r hen Benllyneg;
Y mae rhwysg y Salm a'i rhin
Heno 'ngeiriau fy ngwerin;
Iaith ein hil, ac iaith y ne'
Pa iaith fel iaith y Pethe?

Hir a Thoddaid "Myn coblyn", medd Glyn, "dyma raglenni"
"Myn coblyn", medd Glyn, "dyma raglenni
I'w gwylio nos Sul, fe'u galwa'n sili,
Ffaith yw mai artaith yw bod am êt thyrti
'N ymuno ag emyn, a minnau'n Gomi,
Nid oes ganmol na moli, ond ffrogiau
A sioe o hetiau yn llond fy set i".

Englyn i Ysgol Godre'r Berwyn
(*pan oedd sôn y byddai'n cael ei dynodi yn Ysgol Eglwys*)
Yn nhref wamal y Bala – y di-ail
    Adeilad sydd yma
  Yn dyst i arferion da
Ein hoes. Ai 'r Pab ddaw nesa?!

Detholiad o 'Pwt o Sgafnder'

MAIR PENRI O GYLCHGRAWN 'Y WAWR'

Mam yn dweud wrth ei geneth fach ei bod yn mynd i gael brawd neu chwaer fach newydd.

"Fydd y babi yma'n gallu siarad?" holodd y fechan.

"Na fydd siwr", meddai'r fam.

"Pam?" holodd y fechan, "fydd gynno fo ddim batris?"

•••••

"Dad", meddai'r ferch wrth ei thad, " mae Elfyn newydd ofyn i mi'i briodi fo."

"Oes gynno fo bres?" gofynnodd y tad.

"O Dad! Dech chi ddynion i gyd run fath. Dyna'n union ofynnodd o amdanoch chi!"

•••••

Roedd teledu Sian wedi mynd ar dân. Dyma ffonio'r cwmni yswiriant ar unwaith.

"Anfonwch siec am y teledu trwy'r post os gwelwch yn dda."

"Mae'n ddrwg gen i," meddai'r asiant, "ond nid fel'na mae pethe'n gweithio. Mi rown ni deledu arall i chi yn ei lle".

"O", meddai Sian, "os mai fel'na mae pethe'n gweithio, wyddoch chi'r yswiriant sy gen i ar y gŵr? Wel canslwch o!"

•••••

Sera: Faint ydi'ch oed chi Nain?
Nain: Sera fach, dwi'n rhy hen i gofio erbyn hyn.
Sera: Peidiwch poeni Nain. 'Drychwch ar eich nicars – mae o'n deud 4-5 oed ar fy rhai i".

•••••

Rheolwr yn dangos ei swyddfa i ymwelwyr,

"Mae popeth yma'n mynd efo trydan".

Yr ysgrifenyddes yn deud dan ei gwynt, "Gwir iawn, mae hyd yn oed y cyflog yn rhoi sioc i chi".

·····

Cadeirydd y Fainc yn holi troseddwr ifanc yn y llys:

"Beth oedd dy drosedd di?"

"Siopa'n rhy gynnar syr".

"Ond dydi hynny ddim yn drosedd. Pa mor gynnar oeddet ti'n siopa?"

"Cyn i'r siopau agor syr".

·····

To Uwchben y Gweinidog

ERTHYGL DAN I PETHE PENLLYN

Mae'r Nadolig wrth y drws unwaith eto, a thymor y plygeiniau wedi cyrraedd. Rydym ni yn y Parc yn hynod ddyledus i Mair a'r diweddar Trefor Edwards am ein cyflwyno i'r plygain – neu gyflwyno'r plygain i ni! Roedd ffordd Trefor o gael y maen i'r wal yn un arbennig iawn, rhyw grybwyll y peth wrth griw ohonom wrth ddod allan o wasanaeth neu ymarfer. Rhoddai rhyw broc wedyn ymhen rhyw wythnos neu ddwy mewn, neu ar ôl, rhyw gyfarfod arall, "Dwi'n siwr y gallen ni gael plygain yma, falle doi parti neu ddau o Sir Drefaldwyn i helpu". Ac wedyn yn nes i'r amser, "Mi weles i hwn a hwn dros y mynydd 'ne ddoe, a mi ddeudodd y gwyddai o am griw sy'n reit fodlon dod draw os leciwn ni. Rhaid inni drefnu noson wchi, yn reit sydyn rwan". Ac felly, heb na ffws na ffwdan, na sathru cyrn neb, y trefnwyd y byddai Gwasanaeth Plygain yn y Parc am saith o'r gloch ar yr 20fed. o Ragfyr, 1977. Ac felly y mae wedi bod ar y drydedd Nos Fawrth o Ragfyr ers hynny, ar wahân i un a ohiriwyd oherwydd eira.Ac felly y bydd hi eto eleni.

Er bod pawb yn mwynhau canu a gwrando yn y plygeiniau, profiad pleserus iawn i lawer iawn ohonom yw gweld a chlywed nifer o gantorion yn mynd o gwmpas i ganu carolau y tu allan i gartrefi'r ardal, ac i dderbyn cyfraniadau at wahanol achosion da. Flynyddoedd yn ôl bum innau'n un o'r cantorion, ond gan fod nifer o rai iau yn barod ac yn selog, wel........! Fel mewn llawer ardal arall mae hwn yn hen draddodiad yn y Parc, bu carolwyr yma am flynyddoedd lawer yn atgoffa'r gwrandawyr am y Newyddion Da, a chael amser difyr yn gwneud hynny, ond ym mhedwardegau'r ganrif ddiwethaf y dechreuodd canu carolau fod yn 'swyddogol' fel petae. A'r rheswm oedd – hel pres i godi tŷ i'r gweinidog

Wel, meddech chi, sut aflwydd na fuasai pobol y Parc wedi meddwl am gael to uwchben eu gweinidog cyn hyn? Cwestiwn digon teg, a synnwn i ddim mai dyma'r tŷ gweinidog olaf i gael ei godi yng Nghymru! Yn syml iawn, yr ateb ydi – 'doedd dim angen un. Hyd nes euthum i feddwl am y peth o ddifri wrth ddechrau sgwennu hyn o lith 'roeddwn i'n credu y gwyddai pawb y rheswm pam. Yn sydyn, sylweddolais fod y rhai ohonom sy'n cofio dechrau'r pedwardegau yn mynd yn reit brin. Felly, daliwch eich gafael, ac mi ddweda' i'r stori!

Mae sbel dros ddwy ganrif ers pan gychwynnwyd Achos y Methodistiaid yn y Parc. 1795 oedd y dyddiad yn y Blwyddlyfr erstalwm, ond byddai John Owen Jones, Ty Du bob amser yn taeru fod pethau wedi cychwyn yma ddeng mlynedd ynghynt. Prun bynnag am hynny, yn un o adeiladau Ty Cerrig Isaf y cynhelid y gwasanaethau ar y cychwyn, a lleygwyr wrth gwrs oedd yr arweinyddion. Un o'r ffyddloniaid oedd Elisabeth Roberts, neu Beti Ty'nddôl. Un o'i chyfraniadau gwerthfawr oedd lletya pregethwyr a ddoi yma i efengylu, a dywedir fod William Williams Pantycelyn 'yn cael ei letya yn groesawgar' ganddi. Oherwydd i Williams farw ym 1791 efallai fod dyddiad J. O. yn weddol agos ati, a does fawr ryfedd mai ŵyr Beti, Robert Roberts, oedd y gweinidog swyddogol cyntaf y mae cofnod ohono. Ffermwr fel ei dad, Edward, ond byddai hefyd yn treulio llawer o'i amser yn pregethu a bugeilio'r aelodau. Gwaith gwirfoddol oedd hwn, a diamau fod aelodau eraill o'r teulu yn llafurio ar y tir tra byddai'r Hen Barch, fel y galwai J. O. ef, yn gweinidogaethu ac yn teithio ar hyd a lled Cymru i bregethu. Ond daeth taith Robert Roberts i ben ym 1885, a bu bwlch mawr ar ei ôl.

Y gweinidog nesaf i wasanaethu'r ardal oedd y Parch. T.R.Jones (Clwydydd) a hannai o Lanelidan. Yn wahanol i Robert Roberts, roedd y gweinidog newydd yn gyflogedig (£85 y flwyddyn!) i ofalu am aelodau capeli'r Parc a Moelygarnedd, a bu'n weinidog yma o 1894 i 1897. Aeth i letya i Gefnbodig gyda Mr a Mrs John Jones, a chofnoda amdanynt yn ei hunangofiant fel 'teulu croesawgar gydag un ferch fach flwydd oed ar yr aelwyd'. (Mae amryw o ddisgynyddion y ferch fach honno yn dal i fyw, a chyfrannu, i fywyd gwahanol ardaloedd ym Mhenllyn a thu hwnt.) Yn nydd y trafaelio ar droed roedd hwn yn lletty gweddol hwylus gan fod Cefnbodig, fel y gŵyr pawb, rhwng y ddau gapel. Ond ym 1896 fe briododd Clwydydd wraig, a symud i Dalsarnau y flwyddyn ddilynol.

Ym 1901 daeth y Parch. William Jones yma'n Weinidog. Un o'r Rhuallt, ger Dinbych oedd W.J., fel y gelwid ef. Gŵr dibriod, ac yn y Bala, ger yr hen Lyfrgell, y bu'n lletya hyd ei farwolaeth ar y 6ed o Fedi, 1943. Ar droed yr âi yntau i'w ddyletswyddau bugeiliol nes daeth y bws i'w gludo i Lanycil neu Werngoch. Yn ddiweddarach doi tacsi John Meredith Morgan i'w nôl adref ar ôl gwasanaeth hwyr. Pan yn mynd i Landderfel, ac ymhellach, i bregethu ar y Sul, ar y trên y byddai'n teithio, ar bnawn Sadwrn wrth gwrs, a dod 'nôl fore Dydd Llun, a chadwai gofnod manwl yn ei ddyddiadur o'i gyhoeddiadau a chostau pob taith.

Deuthum ar draws dau o'i ddyddiaduron flynyddoedd yn ôl ymysg pethau 'Nhad. Llyfrau nodiadau bach ydynt, a chyfraniadau amrywiol o ddydd i ddydd. Ambell ddiwrnod dim ond nodyn am y tywydd a geir. Dro arall, os byddai wedi bod mewn Sasiwn neu Gyfarfod Misol, bydd cofnod helaeth o'r pynciau dan sylw, neu efallai grynodeb o anerchiad neu bregeth a draddodwyd. Ond un penwythnos a ddaliodd fy sylw oedd hwnnw ym Mai, 1935. Ddydd Sadwrn yr 11eg daliodd y tren 3.45 i Langollen (3/9), a cherdded wedyn i Lwyn Mawr, yng nghyffiniau Glynceiriog. Yn dilyn ceir manylion am wasanaethau'r Sul, yn enwedig Nantyr yn oedfa'r nos, ac yna aiff ymlaen i roi ei atgofion o Ddydd Sul yr 16eg o Fehefin, 1895, yr unig dro iddo fod yno o'r blaen. Wedi aros ar aelwyd groesawgar ar y Nos Sul, *"bore Llun daeth Humphrey Williams hefo fi i Tyucha i'w gweld yno ar ôl eu profedigaeth fawr. Ar Mehefin 1 cleddid yn Tregeiriog David Roberts, y mab fu foddi yn Llyn Tegid y nawn Mercher cynt yn ochr*

Llangower". Gan fod y Parch. Bryn Ellis yn hannu o'r fro honno euthum â'r dyddiadur i'w ddangos iddo. Roedd o'n gwybod am y trychineb yn iawn meddai, roedd David Roberts yn frawd i'w nain, yn fyfyriwr yng Ngholeg y Bala, a chriw ohonynt wedi mynd i'r llyn i ymdrochi. Efallai fod W.J. yn Athrofa'r Bala 'run pryd, ac mai dyna pam yr aeth i'r Tyucha, – i gydymdeimlo â theulu cyd-fyfyriwr.

Wedi dydd W.J. rhoddwyd galwad i'r Parch. Arwyn Jones Parry o Goleg y Bala, brodor o Badog ger Ysbyty Ifan, ac addawyd y byddid yn adeiladu tŷ iddo. Un ffordd o godi arian ar gyfer hyn oedd i ieuenctid y capel fynd oddiamgylch i ganu carolau. Felly, ar Noswyl Nadolig, 1943 dyma ddau wythawd yn cychwyn ar y gwaith. Gan fod yr Afon Llafar yn rhannu'r ardal yn ddwy ran gweddol gyfartal, dyma'r ffin, fwy neu lai, a fabwysiadwyd i rannu cyfrifoldeb y ddau barti. Bryd hynny cerdded o un cartref i'r llall a wnai'r cantorion, a phan ystyriwn bellter y daith o'r C'nythogau heibio Gwernbiseg i Flaencwm, i Lwynmawr Uchaf (ac o Gwmtylo i Werngoch, Llwynmawr Isaf a Llwynmawr Canol, gan gynnwys tai'r Parc yr ochr arall), canu rhyw ddwy neu dair o garolau ym mhob cartref, 'doedd hi fawr o ryfeddod ei bod rhwng tri a phedwar o'r gloch fore'r Nadolig ar y gweithgaredd yn dod i ben.

Nid wyf yn siwr am ba hyd y parhaodd y carolwyr i gerdded, ond cofiaf fod yna dractor a threlar yn cario un o'r partion tua diwedd y pedwardegau. Ni wn a barhaodd y cludiant yma am fwy nag un flwyddyn, gan fod gyrrwr y tractor (di-gab bryd hynny) bron â rhynnu yn y rhewynt, a'r carolwyr crynedig yn cwyno fod hongiad yr ôl-gerbyd mor aneffeithiol fel bod yna nifer o benolau poenus iawn drannoeth. Wedi hyn daeth y ceir (neu faniau) i roi reid gyflymach a thipyn mwy cyffordus i'r cantorion. Bu sêl a dawn y carolwyr dros tua deng mlynedd yn fodd i godi £264 tuag at yr achos pwysig yma. Swm pitw iawn i ni heddiw, bryd hynny roedd o dros 10% o'r holl gostau. Hyfryd iawn yw medru nodi fod yr arferiad wedi parhau, bron yn ddifwlch, i godi arian at wahanol achosion da. Daliwch ati!

Rhoddodd teulu Pantyneuadd ddarn o dir ger y rhiw i adeiladu'r tŷ, a chyfrannodd holl aelodau'r capel arian ac oriau i sicrhau fod y gwaith adeiladu gan Arthur Jones Llangwm a'i feibion yn rhedeg yn esmwyth. Er yr holl lafur, roedd hi'n ganol y pumdegau pan symudodd y Parch. Arwyn Parry a'i deulu o Ystrad, y tŷ lle bu'n byw ar Stryd Fawr y Bala i'r tŷ newydd yn y Parc, sef Pennant. Fo fedyddiodd y tŷ, – enw o fro ei febyd debyg iawn.

Erbyn heddiw mae'r degfed gweinidog yn y Parc, y pumed i fyw ym Mhennant. Does dim gwobr am enwi'r deg, dim ond gobeithio y bydd y Parch. Hywel Edwards a'i deulu yn hapus yn ein plith, ac yn cysgu'n dawel wedi darllen hyn o lith. Nadolig Llawen ichwi i gyd!

Ymson o enau Ruth, morwyn yr emynyddes Ann Griffiths o Ddolwar Fach, tra roedd tyrfa ohonyn nhw yn croesi'r Berwyn i wrando ar Thomas Charles yn pregethu ar Green y Bala.

MAIR PENRI

'Sa fama am funud tra fyddwn ni'n aros am Ann. Dwn i ar y ddaear pam 'i bod hi isio dod dros yr hen Ferwyn 'ma heddiw, a hithe'r tywydd mae hi, yn glawio hen wragedd a ffyn. Ond dyna fo, mi roedd yn rhaid iddi gael dwad i glywed Thomas Charles unwaith eto ac i gyfrannu o'r Cymun sanctaidd. Mae hi mor benderfynol rhywsut, ond penderfynol dwi'n 'i chofio hi rioed r'annu, penderfynol yn blentyn, a'r un mor benderfynol eto heddiw, ond penderfynol i gyfeiriad arall falle –

> *Beth sydd imi mwy a wnelwyf*
> *Ag eilunod gwael y llawr?*
> *Tystio rwyf nad yw eu cwmni*
> *I'w gystadlu a'm Iesu mawr.*

Ie, dyna be glywes hi'n ddeud ugeinie o weithie. Dwn i ar y ddaear be 'di'r eilunod 'ma mae'n mynnu sôn amdanyn nhw o hyd ac o hyd chwaith, os nad y dawnsio a'r anterliwtie a'r hel dynion oedden ni'n dwy arfer neud ers talwm.

Dwi'n cofio'i chariad cynta hi wsti – Wil Pengelli. Mi fuon nhw'n canlyn am tua dwy flynedd os dwi'n cofio'n iawn. Dwi'n cofio rhyw nosweth mi roedd Ann yn sâl ac wedi gorod mynd i'w gwely, ac mi ges i ordos i fynd i'r llofft i'w gweled hi. Isio fi fynd â neges i Wil oedd hi, i ddeud wrtho fo na alle hi mo'i weled o'r noson honno. Ac ar ôl rhyw swper bach cynnar ffwr' â fi lawr i Lanfihangel, ac i mewn i'r Goat, achos mi wyddwn i'n iawn mai fanno fyse fo. Ar ôl rhoi'r neges iddo fo a chael rhyw sgwrs bach efo hwn a'r llall tu allan mi gychwynes i am adre. Ond wir i chi, do'n i ddim wedi cerdded 'run filltir pan glywes i sŵn troed y tu ôl imi. Wel mi chwithes 'y mherfedd, ond fyse ddim rhaid imi fod wedi poeni – 'rhen Wil oedd yno. Ges i gusan neu ddau ar 'i chorn hi y noson honno, ond fase wiw imi fod wedi deud wrthi neu mi faswn i wedi cael blas 'i thafod hi'n go handi.

Dwi'n cofio rhyw nosweth arall, Wil wedi dod i gnocio arni, ac ar ôl lluchio rhyw garreg neu ddwy at ffenest 'i llofft hi, dyma'r hen John Thomas,'i thad hi i'r golwg, a dechre bloeddio. Fydde'i 'di bod yn werth i chi weld Wil yn 'i heglu hi drwy'r buarth, heibio'r blaid, fyny'r cae, a thrwy'r sietyn nes oedd 'i grys a'i glôs o'n racs gyrbibion.

Ie, tipyn o hen rebel oedd Wil. Ond anghofia' i byth y nosweth orffennodd hi efo fo. Mi gwela' i hi rwan yn dod mewn i gegin Dolwar Fach a'i llyged hi'n llawn o ddagre. A dyma hi'n sefyll ac yn pensynnu uwchben y tân ac yn torri allan i ddeud –

Er mai cwbwl groes i natur
 Yw fy llwybyr yn y byd,
Ei droedio wna, a hynny'n llawen
 Yng ngwerthfawr wedd dy wyneb-pryd.

Dwi'n ame weithie mai Wil sy'n 'i meddwl hi pan mae hi'n cyfansoddi rhai o'r emyne 'ma –

Ffordd i gyfiawhau'r annuwiol
 Ffordd i godi'r marw'n fyw,
Ffordd gyfreithlon i droseddwr
 I hedd a ffafor gyda Duw.

Ond mi fydd hi'n fam mewn rhyw dri, bedwar mis. Gobeithio y bydd popeth yn iawn hefyd, mae'n edrych mor llwyd ac mor welw ambell dro. Ond mae 'na gariad newydd yn 'i chalon hi, a rhyw lawenydd newydd yn 'i hened hi.

Diolch byth a chanmil diolch
  Diolch tra bo ynof chwyth
Am fod gwrthrych i'w addoli,
  A thestun cân i bara byth.

"Ruth," morwyn Ann Griffiths, Mai 2007

Y Dyn Gwyllt

ERTHYGL DAN I PETHE PENLLYN

Ydech chi'n cofio Tomi Morgan? Digon prin mae'n siwr, oherwydd byr iawn fu ei arhosiad yn Ffridd Isa', a digon prin iddo fynychu Capel Llidiardau na 'Steddfod Talybont yn ystod y cyfnod y bu yno. Ac o feddwl, mae'n siwr ei fod yn fwy cyfarwydd â llysoedd barn Lerpwl a'r cylch nac â sefydliadau syber y Waun. Dim ond teirgwaith y bum yn ddigon anffodus i'w gyfarfod, a'r tri thro o fewn rhyw awr.

Ond i ddechrau yn y dechrau; mae blynyddoedd lawer wedi mynd heibio ers pan dderbyniais lythyr oddiwrth rhyw 'Awdurdod' neu'i gilydd oedd wedi'i leoli yn Wrecsam. Llythyr i'm hysbysu eu bod wedi derbyn cŵyn gan gerddwr fod ffens beryglus ar fy nhir ar fin y ffordd gyhoeddus yn Arenig, ac yn gofyn imi eu cyfarfod yno am naw o'r gloch y bore ar ddyddiad arbennig. Doeddwn i ddim yn poeni llawer am y peth er mai ffens drydan oedd dan sylw. Flynyddoedd ynghynt 'roedd Cowbois wedi darparu arwyddion plastig dwyieithog inni i rybuddio'r cyhoedd o berygl y ffens, a ninnau wedi eu gosod mewn lleoedd amlwg ar ei hyd. Am unwaith o leia', roeddwn i o fewn y gyfraith!

Doedd naw o'r gloch ddim yn amser mor wirion a dweud y gwir, gan fod eisiau danfon plant Styllen i'r Parc at y bws ysgol erbyn 8.30, felly cytunodd Euros a finnau i ddal i fynd am yr Arenig ar gyfer y cyfarfod. Wedi cyrraedd 'roedd gennym rhyw chwarter awr i sbario, felly aed ymlaen yn araf ar hyd y ffordd i wneud yn siwr fod popeth arall yno, hyd y gwelem o'r ffordd, mewn rhyw fath o drefn, ac o fewn y gyfraith. Ac mi roedden nhw. Ond 'rhoswch funud, oes gan rhywun hawl i ollwng tri chi mawr allan i chwarae ar eich tir, a hynny heb ganiatâd na neb i edrych ar eu holau? Mae'n wir nad oeddynt yn poeni'r defaid, - roedd rheiny wedi hen ddiflannu o'r golwg i weddill y mynydd – ond 'doedd y cŵn ddim o dan unrhyw reolaeth.

Roedd Simon, preswylydd Coedle a finnau yn gytûn ar y mater ers iddo ddod yno i fyw, ond o ble daeth y tri ci yma? 'Doeddwn i ddim yn 'nabod y car diarth oedd tu allan i'r tŷ chwaith. Dyma roi cnoc ar y drws, ond nid Simon ddaeth allan, ond merch ifanc eithaf golygus. 'Partner' newydd mae'n siwr - nefi blŵ yn SIARAD CYMRAEG! ond bron cyn imi orffen dweud fy neges mor gwrtais ag y gallwn ymddangosodd clamp o ddyn hollol ddiarth wrth ei chwt, a golwg reit filain arno. Wyddwn i ddim ar y pryd, ond dyma Tomi, - Tomi Morgan! Ofnaf na ddwedais fy neges cweit mor gwrtais wrtho fo, gan mai ei gŵn o, fe dybiwn, oedd y pechaduriaid.

Mae'n bur anodd disgrifio'r hyn ddigwyddodd wedyn. Clywsom yr iaith ffieiddiaf ddaeth o Lerpwl erioed. Gwelsom ystumiau o beth ddigwyddai inni pan ddoi ei fêts draw i ymweld â ni, a thipyn o arddangosiad o'i gyhyrau, a fyddai'n siwr o roi'r farwol inni ein dau pe byddem yn meiddio anghytuno ag ef, neu'n gwneud unrhyw niwed i'r cŵn. Yn rhyfedd iawn chododd o ddim ofn ar Euros na finnau. Efallai fod y cyhyrau wedi bod yn gydnerth iawn pan oedd Tomi'n ffyddlon yn y 'gym', ond erbyn hyn edrychent fel pe byddai tipyn go lew o effaith treulio llawer gormod o'i amser yn y clybiau nos arnynt. A phrun bynnag, roedd 'na ddau ohonom ni, ac roedd ein Land Rover gerllaw. Felly gwrandawyd yn gwrtais ar ei rant, a phan ddaeth i ben, ymadael.

Yn anffodus, oherwydd y sgwrsio hir a fu y tu allan i Goedle roeddym fymryn yn hwyr i'r cyfarfod wrth y ffens, ond roedd y ddau Swyddog (un o Wrecsam ac un o'r Parc Cenedlaethol) mewn hwyliau da yn rhoi'r byd yn ei le yn yr haul y tu allan i'w ceir. Prin yr oeddym wedi ymddiheuro am fod yn hwyr a chyflwyno'n gilydd na chlywem sŵn car yn cael ei yrru fel pe bai yn Oulton Park. Dacw fo'n dod fel mellten rownd y tro.

Neidiodd y Swyddogion i'w ceir, a neidiodd Euros a finnau dros y ffens. Sgrechiodd y car i stop ar ein cyfer, a daeth Tomi allan. Cafwyd pregeth arall, ac arddangosiad o'r cyhyrau, ac yna dyrnodd un o ddrysau'r car – ei gar ei hun! - nes oedd yn dolciau. Mmmm, ie, wel, efallai nad oedd y cyhyrau mor ddiffrwyth wedi'r cyfan! Ond pharhaodd yr arddangosiad ddim yn hir; wedi ymosodiad geiriol ar y Swyddogion, i ffwrdd â fo fel mellten arall i fyny rhiw Bryn Ifan. A ninnau'n gweddio na ddoi neb i'w gyfarfod nes byddai wedi cyrraedd Lerpwl!

Daeth y Swyddogion allan o'u lloches, a ninnau'n dau yn ôl dros y ffens i gario'r drafodaeth ymlaen mewn awyrgylch mwy tangnefeddus. Fu'r drafodaeth ddim yn hir. Dacw fo'n dod yn ôl i lawr rhiw Bryn Ifan fel herc. **Gyrhaeddith o yma, neu fydd o wedi mynd ar draws un o waliau'r bont??** Whiw! daeth rhyngddynt yn llwyddiannus! Neidiodd y Swyddogion i'w ceir, a neidiodd Euros a finnau dros y ffens. Sgrechiodd y car i stop ar ein cyfer, a daeth Tomi allan. Y tro yma roedd ganddo erfyn i'n bygwth nas gwelais ei debyg o'r blaen. Bwyell heb fod yn fawr, ond ar ei phen, yr ochr arall i'r llafn miniog, yr oedd tair crafanc, tebyg i'r ddwy sydd ar ben y claw hammer y mae rhywun yn weddol gybyddus ag o, ond cryn dipyn mwy. Bu'n ei chwifio o gwmpas, gan fytheirio geiriau bygythiol nad oeddym yn gyfarwydd â hwy am amser a ymddangosai fel tragwyddoldeb cyn rhoi cic i ddrws y car, neidio i mewn, refio, a chychwyn fel pe bai mewn cystadleuaeth â Lewis Hamilton, cyn diflannu i gyfeiriad Coedle.

Daeth y Swyddogion allan o'u lloches, a ninnau'n dau yn ôl dros y ffens, ond fu dim trafodaeth bellach. Geiriau'r swyddog o Wrecsam oedd: "Well, I've come to the conclusion that this fence isn't the most dangerous thing up here. I'll be writing to you." Ac i ffwrdd â fo.

Welais i mo Tomi wedyn, diolch byth.

Ac rwy'n dal i ddisgwyl am y llythyr o Wrecsam!

Monolog Bethan Mary

MAIR PENRI

Helo! Bethan Mary dwi, a dwi'n mynd i Ysgol Tir-Na-Nog. Dwi'n eistedd arholiade TGAU ha nesa.(wel 'u sefyll nhw dwi fod i neud ond iste fydda i). Ydech chi'n gwbod be ydi TGAU? Nadech? Na fi chwaith. Ond ma' Catrin Elizabeth 'n ffrind i yn deud mai TGAU ydi **Twt! Gweithio Am Ugain** munud, ac mae hynny'n fy siwtio fi'n iawn. Ond dio ddim yn siwtio'r tichars ma sy gynnon ni, - criw ohonyn nhw, rhei da, a rhan fwya'n dda i ddim.

Dyna chi Neli Needle 'wan! Fues i rioed yn dda iawn am wnio, ond dwi'n waeth rwan! Flwyddyn dwetha oedden ni'n neud hances poced.

"Bethan Mary!" medde Neli. "Dwi isio i chi neud hances poced y byddwch chi'n prowd o sychu'ch trwyn yno fo".

"Dech chi ddim yn disgwyl i mi sychu'ch trwyn chi yno fo siawns," ddedes i wrthi.

Tymor dwetha on i'n neud ffrog. Rargen dech chi 'di trio neud ffrog rywdro? Mae fatha neud jig-so pysl. Dech chi'n torri'r darne i gyd allan, a wedyn 'u sticio nhw i gyd yn ôl at 'i gilydd. Nes i fistêc. Mi sticies y llawes yn nhwll y gwddw.

"Bethan Mary! Be dech chi'n feddwl dech chi'n neud? Ffrog i eliffant?"

Mi fydda i'n falch pan fydda i wedi gorffen efo'r gwnio 'ma wir. Ma'n well gen i gwcio o lawer efo Ceti Cacen. Ew! nes i fins peis gwerth chweil Dolig dwetha – wel, on i'n meddwl bod nhw'n werth chweil nes i mi ddechre'u byta nhw. Ond dwi'n meddwl mai ar y mins hwnnw ges i gen Jo Sennyn y bwtsiar oedd y bai. Rhyw fis yn ôl on i'n neud Toad in the Hole. Fues i wrthi am ddwyawr noson cynt yn chwilio am lyffant nes i Catrin Elizabeth ddeud wrtha i mai wye on i isio.

"Wye", medde fi, "lle ga i afel ar wye llyffant amser yma o'r flwyddyn?"

Ond Mathematics dwi'n licio ychi, efo Hari Hync. Ew! mae o'n licio ffigyrs, ffigyrs mawr. Mi neith o licio'n ffigyrs i – 48, 38, 50. Oedd o'n hwyr yn dod i'r wers wsnos dwetha, a mi sgwennes i ar y bwrdd du, – "Hari Hync ydi carwr gore Ysgol Tir Na-Nog."

On i prin wedi gorffen sgwennu, dyma fo mewn drwy'r drws, ac mi 'sgynnodd 'i lygid o'n syth ar y bwrdd du, a dyma fo'n gweiddi,

"Pwy sgwennodd hwnne?" Distawrwydd llethol, a dyma 'ne waedd arall. "Pwy sgwennodd hwnne?" Erbyn hyn, roedd pawb wedi dechre troi rownd ac yn sbio arna i. A dyma fi'n codi'n llaw yn ara...

"Bethan Mary, wela i chi'n syth ar ôl 'rysgol."

"Lyfli Syr!" medde fi.

Allwn i ddim aros i'r gloch hanner awr 'di tri ganu, ac mi ruthres yn syth i'r ystafell Mathematics. Yno fues i am hanner awr yn disgwyl amdano fo, a phan ddoth o mi fues yno am awr a hanner. Pan ges i ngollwng yn rhydd, pwy oedd yn aros amdana i wrth drws ffrynt ond Catrin Elizabeth.

"Wel?" medde hi, "Sut aeth pethe, be ddigwyddodd?"

"Hitia di befo," medde fi, "Ond mi dduda i wrthat ti gymint a hyn – mae'n talu hysbysebu!"

Don i ddim am gyfadde wrthi mod i wedi bod wrthi am awr a hanner yn ysgrifennu traethawd ar 'Sut i barchu athrawon'. A phan edryches i ystyr y gair 'hunk' yn yr Oxford Dictionary, mi weles i mai 'a clumsy piece' oedd o. Digon gwir. Ond hitiwch befo, dwi newydd weld Martin Metal yn mynd i lawr coridor. Iew! Swn i ddim yn meindio cael fy sodro efo hwnne am ryw awr neu ddwy.

Diolch ac ati

ERTHYGL DAN I PETHE PENLLYN

Roedd Lona eisiau newid y dreser am un fwy. Wel, efallai fod ganddi bwynt, – erbyn canol Awst eleni roedd yr un fach sy'n y gegin 'ma'n llawn o gardiau. Gan imi dreulio rhyw bythefnos go dda yn Ysbyty Maelor, a medru dod adre mewn pryd i dderbyn Medal T.H.Parry-Williams yn Steddfod Ynys Môn bu llawer ohonoch mor garedig a gyrru i ddymuno gwellhâd iechyd a llongyfarchion imi. **Diolch o galon ichwi i gyd**, gan gynnwys y rhai a fu ar y ffôn, e-bost, ymwelwyr, a'r sgyrsiau wyneb yn wyneb yma ac acw. Erbyn hyn mae'r cardiau i gyd mewn bocs, fel y gallaf gael golwg arnynt i'm hatgoffa yn achlysurol o'ch cyfeillgarwch. Ac mae'n sicr y bydd y dreser fach yn cadw ei lle yn y gegin!

Wrth gwrs, pan fydd rhywun yn cael ei gaethiwo mae tuedd i synfyfyrio mwy am bethau a fu, llawer iawn o ddigwyddiadau sy'n ymddangos fel pe baent yn perthyn i ganrif neu fwy yn ôl. Ond beth am hanner canrif go dda? Wel, does gen i ddim cof a fu haf 1964 yn un anodd i gynaeafu gwair ai peidio, – fel y soniais o'r blaen, doeddwn i ddim yn ddyddiadurwr. Beth bynnag, prun ai'r tywydd neu ddiffyg amynedd/profiad y cynaeafwr oedd ar fai, mae'n rhaid fod llwch sylweddol ym myrnau gwair Styllen y flwyddyn honno, ac erbyn Gwanwyn '65 roeddwn i mewn andros o fyd yn symud mwy na rhyw 'chydig o gamau ar y tro o achos diffyg anadl.

Cyngor 'arbenigwr' ar anhwylderau'r frest o Ysbyty Llangwyfan oedd imi dywallt digon o ddŵr dros y bêls cyn eu hagor. Ie, wel, roedd hi braidd yn hwyr i feddwl am bethau felly, heb sôn am beth fyddai ymateb y gwartheg a'r defaid! Ond, drwy ryfedd wyrth (a thipyn o help gan Beti fy chwaer) cefais fy nerbyn i Ysbyty'r Frest ym Machynlleth lle'r oedd Dr Gwilym Thomas yn arbenigwr ar anhwylderau o'r math yma. Flynyddoedd cyn hynny roedd o'n gyd-fyfyriwr â Dr. Maurice Jones, ac roedd Dr Maurice yn uchel iawn ei barch i 'Gwil Tom'. Fel brodor o Stiniog, bron nad oedd wedi cymryd at ei arbenigedd fel dyletswydd tuag at weithwyr ei fro enedigol a'u tebyg, oedd yn dioddef oherwydd llwch y chwareli.

Er mai fel 'Y Chest' y cyfeirid ati gan bobl cylch Mach, roedd yr ysbyty yma'n un Gymreig a chartrefol iawn, y mwyafrif o'r staff, fel y cleifion, yn Gymry Cymraeg, ac ymddangosai Dr Thomas fel pe bai'n llawer hapusach yn trafod pethau yn ein hiaith gyntaf. Mae enwau pawb oedd yno wedi mynd yn angof erbyn hyn, ond cofiaf fod un o'r *sisters* ar ein ward fechan ni yn chwaer i un o bobol y teledu erstalwm, – Rhydderch Jones o Gorris. Roedd ffermwr o gyffiniau Tregaron yn un o'r cleifion, fel finnau yn dioddef oddiwrth y *Farmers Lung*, a dau chwarelwr, un newydd ymddeol, a'i anadl mor ddrwg fel mai prin y medrai godi o'i wely.

Roedd y chwarelwr arall oedd yn ei wythdegau yn dipyn sioncach, wedi gweithio yn chwarel Aberllefenni, ac fe honnai mai yno'r oedd llechi gwytnaf y byd. Dywedai iddo, yn hogyn pymtheg oed yn yr 1890au gael mynd, gyda chriw o'r chwarel a thunelli o graig Aberllefenni hefo nhw, i Ffair y Byd yn Chicago i arddangos gwaith y chwarelwyr yn torri a hollti i gynhyrchu'r llechi gwydn. Wedi i'r llechen gael ei hollti a'i thrimio'n gywir gosodid hi i orffwys yn groes i ddarn o hen lein trên, a safai yntau a'i draed un ar bob pen iddi, i ddangos fod y darn main yma o graig Aberllefenni yn ddigon gwydn i ddal pwysau'r llanc ifanc. *'Thorrodd na ddim în tra bio ni yno'*!

Wedi pythefnos o driniaeth a gofal gyrrodd Dr. Gwilym Thomas fi adre, ond "fedra i ddim garantîo mwy na 95% o wellhâd iti" oedd ei eiriau. Yn anffodus, tua dwy flynedd yn ôl dechreuodd y pump y cant gweddill 'na ddod o hyd imi, a dechrau Gorffennaf cefais fy ail wyliau mewn ysbyty, y tro yma ym Maelor, Wrecsam. Er nad oes gen i ddim ond canmoliaeth i'r gofal a gefais yn Wrecsam, roedd yno un peth pwysig iawn yngholl.

Yn y gwely 'gosa imi roedd ffermwr, yn wreiddiol o Lanrhaeadr ym Mochnant, ac ar draws yr ystafell fecanic o Ruthun, y tri ohonom (tua'r un oed) yn werthfawrogol iawn o gwmni'n gilydd fel siaradwyr Cymraeg. Roedd hi'n wythnos Sioe Llanelwedd, a phan ddaeth hi'n amser cael adroddiad o'r sioe ar S4C gofynnwyd am gael troi'r set deledu i'r sianel fach, inni gael gweld beth ddigwyddodd yno. Dim derbyniad i S4C meddai'r nyrs oedd ar ddyletswydd. O! Wel!! Iawn, mi gymrwn ni BBC1 ynteu, – yn ôl Dail y Post roedd adroddiad o'r Sioe ar honno yr un amser. Mmm, dim ond BBC1 Northwest oedd ar gael, a threialon cŵn defaid a gynhaliwyd rhywbryd llynedd a ddangosid. Ailadrodd mae rheiny hefyd ddyliwn, yn union fel ein sianel ninnau. Oeddwn, roeddwn i wedi clywed am y diffyg Cymraeg sbel yn ôl, ond peth chwithig iawn oedd ei brofi'n bersonol, a sylweddoli nad oes dim yn cael ei wneud ynglŷn â'r peth.

Prun bynnag, rhaid imi ganmol y bwyd rhagorol a ddarperid inni yn yr ysbyty. Doi daflen bwydlen i bawb bob canol pnawn, ar gyfer archebu cinio a swper trannoeth. Syrpreis, syrpreis, roedd fersiwn Gymraeg un ochr, a Saesneg yr ochr arall. Un noson, tua diwedd fy arhosiad fe landiodd platiad yn cynnwys corn bîff o fy mlaen. Nid yw corn bîff ymysg fy hoff ddanteithion, a dywedais yn gwrtais wrth y gŵr ifanc a ddaeth ag o imi nad dyna oeddwn wedi archebu. Cipiodd y papur archebu oddiar yr hambwrdd, ac ebychu "*You filled in the Welsh side didn't you*", fel pe bawn wedi cyflawni trosedd i haeddu fy nghrogi. "Ies", meddwn innau, "Welsh us myi ffyrst langwej". Er na lefarodd y geiriau, "*English is **our** first language*", dyna'n amlwg âi drwy ei feddwl cyn cipio'r plât oddiar fy mwrdd bach. Ond cefais gyfle i weld **nad** 'corn bîff' oeddwn wedi dicio ar y *Welsh side*. Chwarae teg, ymhen 'chydig iawn fe gyrhaeddodd y platiad cywir, ond mae rhyw hen flas annifyr yn dod i 'ngheg i bob tro rwy'n cofio am y peth.

Gallaf ddychmygu mai anodd iawn yw dod o hyd i weithwyr Cymraeg eu hiaith yn y Gogledd-ddwyrain, a chawn y teimlad mai cyndyn iawn oedd yr ychydig a fedrai gyfathrebu yn iaith y nefoedd i wneud hynny. Diolch byth, ddois i ddim ar draws neb arall yno mor anfelys â dyn bach y corn bîff, ond trist yw sylweddoli fod yna, mae'n rhaid, rhyw agwedd annifyr tuag at y Gymraeg ymhlith rhai o'r staff. Mi faswn i'n tybio fod y gofal meddygol a gefais yn y Maelor yn haeddu A neu A*, ond byddai'r sgôr Cymreictod yn mynd yn rhy agos i "Y"!

Mae'n siwr y cytuna pawb mai gofal a gwellhâd sydd bwysicaf inni i gyd. Diolch o galon, Ysbyty Maelor. Ond mi fyddai'n braf pe bai'r awyrgylch yn fwy cartrefol!

Sgets Trip Llundain

MAIR PENRI

Merch: Dyw dyma le crand..... awn ni fewn ie?

Mam: Cer di gynta . . . gei di neud y siarad! (*cnocio drws*)

Merch: HELO!!

Receptionist: Come in . . . Good evening . . . Can I be of any assistance?

Mam: ASSISTANS wir! Dwi rioed wedi bod ar assistans yn y mywyd!

Rec.: Well what can I do to help you?

Merch: Mae hi'n gofyn fedrith hi'n helpu ni

Mam: Wel gofyn iddi am le i aros yntê!

Merch: We want a place to stop like.

Rec.: Have you booked by phone?

Merch: Mae hi'n gofyn yden ni wedi sgwennu llyfr efo ffon?

Mam: Ffon wir! Ma pensel yn fwy na fedra i fanijio!

Merch. Me Mam only manage pensel.

Rec.: Would you like a suite next to the breakfast room?

Merch:. Mae hi'n gofyn ydech chi isio fferins i frecwest?

Mam: Fferins? Nagoes! Beryg i mi gal llyngyr. Well gen i botes.

Merch:	No No Me Mam will have potatoes in fear of worms.
Rec.:	**Tell me is it a twin or a single you need?**
Merch:	Mae hi'n gofyn geuson ni dwins pan oedden ni'n single!
Mam:	Rargien fawr naddo. Dwi 'di priodi ers deigien mlynedd. Dwed wrthi bod ganddi ben blaen.
Merch:	Me Mam says your head is in the very front!
Rec.:	**What about the evening meal? We've got fish and chips . . . and what about peas?**
Merch	(*yn ei chlust*) Mae hi'n gofyn ydech chi isio...........
Mam	Na. Dwi newydd fod tu nôl i'r cut gwyrdd ene tu allan.
Merch	No.... me Mam says just beans...
Rec.:	**All right.... All rooms are hot and cold...**
Merch:	Mae hi'n boeth ac yn oer yma.
Mam:	Den ni'n siwr o gal niwmonia
Rec.:	**Would you like a room on the bottom floor?**
Merch	Gofyn yden ni isio cysgu ar lawr..
Mam.	Na! Dwed wrthi am fy riwmatig i!
Merch.	No... me Mam will have a room in the attic.
Rec.:	**Very sorry but all those are engaged.**
Merch:	Dim ond pobol wedi engejio sy fan honno.
Mam:	Wel tydw i newydd ddeud. Dwi 'di priodi ers deugien mlynedd.
Rec.:	**Your bill will be ready soon and would you like to order the morning paper?**

Sgets "Llundain", Mai 2007

Merch: Fydd na ryw bilsen yn barod inni toc a mae hi'n gofyn yden ni isio ordro papur erbyn y bore?

Mam. Na dwi bob amser yn cario peth efo fi rhag ofn! (*tynnu rholyn o'i phoced*)

Merch: Me Mam brings own paper in fear.

Mam. Gofyn iddi lle gawn ni fynd yn Llunden ma wedi inni ddwad mor bell.

Merch. Where can we go in London here after us coming so far?

Rec.: Have you been to Petticoat Lane on a Sunday?

Merch. Mae'n gofyn dech chi'n gwisgo pais ar ddydd Sul?

Mam: Tydwi'n gwisgo pais bob dydd..... a dwi wedi dod a lot o ddillad efo fi inni gal mynd i rwle sbiwch! Look! (*gwagio'r ces ar lawr*)

Rec.:	Have you got a key for that case?
Merch:	Ci wir! Sna ddim digon o le i gath fama heb sôn am gi! No room to swing a ciat in here! But where can we go in these clothes after us bringing them all the way?
Rec.:	**You could go to Piccadilly**
Merch:	PICALILI?
Mam:	Fedrai ddim diodde hwnnw mae o'n rhy boeth!
Rec.:	**Or what about Shepherds Bush?**
Merch:	Rargien! Mae na ryw fugiel yn gneud sioe ohono'i hun tu nôl i ryw wrych yn rhwle ma!
Mam:	Hy! Den ni'n gweld digon o rheiny yn Parc!
Rec.:	**Follow me and I'll show you to your apartment.**
Merch:	APART! Den ni ddim isio bod ar wahan...
Mam:	Efo'n gilydd den ni eisio bod!
Merch:	We want to be TOGETHER!! not APART.
Rec.:	**Try to keep calm... I'll take you to your residence.**
Merch:	PRESIDENT! Dowch o'ma wir. Den ni ddim yn aros run lle â'r hen Drump 'ne.

Dyn y Cerrig

ERTHYGL DAN PUW I PETHE PENLLYN

Pan yn cofnodi campau'r Brenin ar gyfer fy llyfr 'Dyn y Parc' fe anghofiais sôn am un cymeriad arbennig iawn a ddaeth i gysylltiad â ni'n dau. Ei enw oedd Tonchi D'eMètz. Toni Demèts i chi a fi! Felly, dyma geisio gwneud mymryn o iawn am fy mlerwch.

Roeddwn yn ymwybodol fod y brenin yn cadw ymwelwyr, a hyd yn oed denantiaid mewn rhan o'r tŷ, ym Moch y Rhaeadr yn bur gynnar yn ei arhosiad yno. Sylweddolwn hefyd efallai ei fod yn derbyn mwy ganddynt nag a dalai o rent i mi (h.y. pan 'gofiai' wneud hynny). Daeth un o'i denantiaid a'i 'bartner' heibio i'm gweld un pnawn. Roedd wedi deall fod gennyf dŷ gwag yn Arenig, a byddai'n hoffi ei rentu, oherwydd 'roedd wedi cael llond bol ar y brenin. Wel, roedd y pâr yn ymddangos yn rhai dymunol dros ben, er mai pur swil oedd hi, yn wreiddiol o Ffrainc, a'i Saesneg yn brin iawn faswn i'n deud. 'Roedd ei Saesneg o'n rhugl. Yn wir, daethum i ddeall ei fod yn ŵr amlieithog, ac na fyddai'n ôl o ddysgu Cymraeg pe cai'r cyfle.

Wrth gwrs, un o'r cwestiynau cyntaf a gafodd oedd sut y byddai'n talu'r rhent. O! dim problem, roedd o'n gweithio gyda cherrig, a chanddo incwm wythnosol o gannoedd o bunnau – tua dechrau'r 80au cofiwch! Ie, wel, a ble roedd ei weithdy? O! yn y tŷ. Be?! Doedd neb yn mynd i lusgo cerrig i 'nhŷ fi i wneud llanast ar y lloriau a chael darnau o gerrig yn hedfan i bob man wrth iddo fo â'i gŷn a'i forthwyl drimio'r meini i lunio rhyw benglog neu'i gilydd. NA! fyddai 'na ddim llanast. Cerrig bach iawn fyddai Brigitte ac yntau yn ddefnyddio. 'Doedd dim rhaid poeni. Ac os byddai unrhyw lanast fe gai ei glirio, ac fe wnai iawn am unrhyw golled.

Nefi! doeddwn i 'rioed wedi clywed y fath addewidion. Ond pwy oedd y Demèts yma, ac o ba le y daethai? Wel, un o'r Eidal yn wreiddiol, ond wedi ffoi i Ffrainc, newid ei enw, a chymryd dinasyddiaeth Ffrengig. A'r rheswm am hyn oedd, meddai ef, ei fod ormod o ofn am ei fywyd i aros yn yr Eidal. Ei stori ef, hyd y cofiaf hi, sy'n dilyn.

Cafodd ei eni a'i fagu mewn ardal yng ngogledd y rhanbarth a elwir yn Tuscany yng ngogledd yr Eidal, ac ymfalchiai yn y ffaith fod yr artist Michelangelo yn frodor o'r un fro. Peth arall yr oedd yn falch iawn ohono oedd ei fod yn Etruscan, sef disgynydd o hen hil oedd yn byw yn y rhan yma o'r Eidal ganrifoedd yn ôl, ac yn bur enwog am eu gwaith celf. Honnai hefyd fod iddynt eu hiaith eu hunain a elwid yn 'Ladin'.

Yn dilyn yr Ail Ryfel Byd bu awydd cryf yn y rhan yma o'r Eidal i gael ymreolaeth, ond roedd gwrthwynebiad ffyrnig wrth gwrs o du'r llywodraeth yn Rhufain. Roedd Toni Demèts wedi bod yn un o'r ymgyrchwyr, a chafodd ei garcharu mewn cell oedd mor fechan fel na allai sefyll na gorwedd ynddi heb blygu. Etholwyd ei dad yn aelod seneddol i gynrychioli'r 'cenedlaetholwyr' hyn, ac aeth i godi llais dros y mudiad yn Rhufain, – a diflannu. Welwyd byth mohono, a chlywyd dim o'i hanes chwaith. Flynyddoedd wedi diwedd y rhyfel pan sefydlwyd awyrlu'r Eidal, un o'u gweithgareddau cyntaf oedd bomio'n chwilfriw un o'r pentrefi lle'r oedd yr ymdeimlad cenedlaethol yma gryfaf.

Dyna'i stori, ond chlywais i erioed ddim am hyn o'r blaen, a glywsoch chi? Gwir pob gair meddai Demèts, a dyna pam y ffôdd i Ffrainc a chael dinasyddiaeth y wlad honno cyn gynted ac y cafodd ei draed yn rhydd o'r gell fach. Ond o feddwl, faint tybed o bobol gyffredin yr Eidal sydd wedi clywed am Blaid Cymru, Cymdeithas yr Iaith a Byddin Rhyddid Cymru Cayo Evans erstalwm? Dwn i ddim am ein crefftwyr, ond beth am ein beirdd, o Aneirin hyd at Catrin Dafydd (a phwy bynnag sy'n ei helpu?!) Yn wir, tybed faint o bobol gyffredin Lloegr sy'n gwybod am ddeisyfiadau ac arferion rhai ohonom yn y gornel fach yma o'u Hunedig Deyrnas?

Ond i ddod yn ôl at y cerrig. Bob wythnos byddai'n mynd i lan yr afon i gasglu cerrig hirgrwn, llyfn, heb fod yn fawr. Yna defnyddid glud cryf arbennig i'w dal wrth ei gilydd yn ôl y galw, a byddai Brigitte ac yntau yn eu paentio. Rwy'n tybio mai Brigitte oedd yr arbenigwraig – tu ôl i bob gŵr llwyddiannus yntê Geraint!. A'r canlyniad? Wel modelau bychain bach crefftus, cartŵnau wir, o wahanol fodau dynol. Rwy'n siwr y byddai Michelangelo'n reit falch ohono!! Ac ar ddiwedd pob wythnos byddai'n mynd a llond cês enfawr, 80 (**ie, pedwar ugain**) ohonynt i Lundain i'w gwerthu ym marchnad Covent Garden am bumpunt yr un. Plismyn Llundain a'r 'Beefeaters' o'r Tŵr a chwaraewyr pêl-droed oedd y gwerthwyr gorau meddai, ond roedd amrywiaeth o gymeriadau'r brifddinas yn y cês bob wythnos, a'r bobl mwyaf eiddgar i'w prynu bob tro oedd yr ymwelwyr.

A phwrpas gwneud yr holl arian? Wel, i brynu cwch (moethus faswn i'n deud!) a mynd i fyw ar un o ynysoedd y Môr Tawel ymhell o'r stŵr Eingl-Americanaidd oedd wedi gorlifo yma ddegawdau'n ôl, – 'Ynys bellennig hynod o unig ynghanol y gwyrddfor maith' fel y gwelodd I. D. Hooson hi ddegawdau ynghynt na hynny hyd yn oed. 'Doedd dim pwrpas ceisio perswadio Demèts ei fod ganrif yn rhy hwyr, a bod carafan yn gwerthu chips ar draeth pob ynys yn y Môr Tawel erbyn hyn! Ond i'r Môr Tawel yr aeth, a hynny'n sydyn iawn. I gadw'r stori'n fyr, digon dweud mai'r brenin ddaeth i aflonyddu arnynt eto, ac er nad oedd digon yn y banc i brynu'r cwch, penderfynwyd mynd, yn bennaf oherwydd ei ffobia am gael ei garcharu unwaith eto, – do, hedfanodd y ddau mewn awyren!.

Chadwodd o ddim at ei addewid. Gadawodd gerrig ar ei ôl yn y tŷ. Ond cerrig yr oedd Lona a finnau'n hynod falch o'u gweld – a'u cadw! Croeso ichwi ddod heibio i'w gweld.

Gwragedd Ffarmwrs

MAIR PENRI

"Gwraig Ffarmwr", Mai 2007

Tydi'r gwragedd ffarmwrs ma wedi mynd yn bethe sidêt d'wch! Pryd welsoch chi wraig ffarm yn gwisgo welingtons fel hyn ddwetha? O! yden ... ma nhw'n gwisgo'r welingtons Sioe Llanelwedd 'ma ... a'r welingtons-papur-wal 'ma ... Ond be di rheiny da i garthu'r beudy ac i glirio'r domen? A ma' nhw i gyd yn mynd allan i weithio rwan ... ffarmio ddim yn talu medde nhw ... Ond ma nhw'n dreifio'u plant i'r ysgol yn 'u ffôr bei ffôrs fel tase nhw'n mynd â nhw i ben mynydd! Ag os nag yden nhw'n mynd allan i weithio ma' nhw'n gneud bed and brecffast yn 'u cartrefi ar gyfer y Saeson ... a ma nhw'n deud i mi bod 'u tri chwarter nhw'n perthyn i Ferched y Wawr! Ron i'n meddwl ma' cadw Saeson draw oedd pwrpas rheiny! A sôn am Ferched y Wawr ... on i'n darllen yn Y Cymro bod nhw'n ....oed 'leni ... dyden nhw ddim wedi sbio'u dannedd nhw ne mi fysen nhw'n gweld bod nhw i gyd yn nes i'r pedwar ugien 'ma lawer. A mae nhw'n cario'u pum synnwyr i gyd yn 'u handbags – eu spectols a'u teclyne clyw, eu snyff bocsys a'u dannedd!

Ond tydi'r oes wedi newid dwch! Mi on i'n codi ar 'i gleuad hi bob bore Llun i olchi ... gwisgo'n ffedog fras cyn mynd at y twb a'r ddoli ... heddiw ma' nhw'n gwisgo fel dolis cyn mynd at y twb!

Dydd Mawrth on i'n pobi ... gneud bara yn y ffwrn fawr ... bara cyrch, siot a llymru. Mi glywsoch y dywediad "Bytwch lymru, bwyd y Cymry?"... Be ma' nhw'n 'i fyta heddiw?... Gamon Stêcs a Banoffi Pei... a tasech chi'n gofyn i'r gŵr ydio isio siot mi fase'n mynd i chwilio am 'i gatris!

Dydd Mercher o'n i'n slafio wrth y feudde i neud rhyw bwys ne ddau o fenyn ar gyfer yr wsnos. Olivia ac Utterly Bytterli ydi hi heddiw... ma nhw'n deud bod raid inni fyta llai o frasder... O'n i'n arfer arllwys y toddion cig moch i gyd ar ben 'y nhatws er mwyn cal blas da. Ond tydi'r Jimi Olifar 'na heddiw'n deud bod raid inni fyta'n iach – byta llysie a ffrwythe. On i'n gneud pwdin gwaed cyn iddo fo wbod ma dene oedd yn i wythienne fo... ac ron i'n cwcio meat bôls cyn iddo fo ddechre dydwy rhai yn 'i glwt!

Ron i'n godro deg ne ddwsin o wartheg bob bore a nos yn ddiffael. Dwn i ddim o ble den ni'n cal llaeth heddiw... wela i run fuwch odro ar run cae ar un ffarm yn unlle!... A tasech chi'n gofyn i blentyn heddiw ble ma nhw'n cal llaeth mi ddedsen wrthoch chi – Somerfield!... A dyden nhw ddim yn bell ohoni chwaith... Summer – Field!

A dydwi ddim yn deall y llywodreth ma chwaith... Rai blynyddoedd yn ôl mi roedden nhw'n rhoi près i'r ffarmwrs i gadw **llai** o ddefed ar y mynydd. Ddim felne oedd fy syms i'n gweithio allan yn 'rysgol erstalwm!... Ag wedyn roedden nhw'n rhoi sybsidis iddyn nhw i gadw Tir Cymen! 'Es i i'r dicsionari i weld be ydi'r "Cymen" ma... ac mi weles mai 'twt a thaclus' oedd o... Ydech chi wedi gweld 'u caeau nhw?!!... Tyden nhw'n redyn ac yn ysgiell 'fyny at y'ch canol chi... a'r cloddie'n ddrain a mieri nes bod chi prin yn 'u gweld nhw!

Ond ma ne rywun wedi deud wrtha i... os dw i isio gneud pres bod raid imi gadw moch... ac yn y 'maternity ward' y bydda i heno... ma'r hwch 'cw'n dorrog... Na!... Na!.. nid y ferch-yng-nghyfreth dwi'n feddwl! Ond mi fydda i'n reit hapus os ca i baced o Garibaldi a fflasgied o dê go gry... a TÊ GO IAWN fydd o hefyd cofiwch... nid y Tea Bags gwirion 'ma... tydi rheini'n llwydo yng ngwaelod y tebot mewn llai nag wsnos!

Rhaid imi fynd rwan... dwi isio ffonio'r Mystery of Agricyltar 'ne... i ofyn ga i sybsidi i fagu perchyll... Hwyl!

Tyddynnod Parc

ERTHYGL DAN PUW I PETHE PENLLYN

Flynyddoedd lawer yn ôl daeth fy Ewyrth John heibio ar un o'i ymweliadau achlysurol. Ni ddoi byth yn waglaw, bob amser â rhyw gelficyn i'w ddangos, llyfr efallai yr hoffwn ei weld (neu ei brynu yn rhad!), neu stori am y Parc a'i phobl o'r adeg y bu yma'n cyd-fyw a chyd-ffermio â nhad. Y tro dan sylw 'roedd ganddo nifer o ddalennau yn ei lawysgrif ddestlus wedi eu staplu i'w gilydd, "*Hwde, mi gei di hwn gen i, mae o'n fwy o ddiddordeb i ti na neb arall o'r teulu erbyn hyn.*" Y pennawd ar y dudalen flaen oedd 'Ymchwiliad i Hanes Tyddynnod a Bythynnod Adfeiledig Y Parc. Traethawd at Gyfarfod y Parc, Ionawr 28ain, 1926.'

Mae yn y traethawd ychydig hanes 26 (ie, chwech ar hugain!) o adfeilion lle bu teuluoedd unwaith yn byw; pwt cwta iawn am ambell un, gan iddynt gael eu gadael yn wag amser maith yn ôl, a neb, hyd yn oed 90 mlynedd yn ôl, yn gwybod pwy fu'n byw ynddynt. Mymryn mwy am rai o'r lleill, ac ambell stori ddiddorol am rai o'r gweddill. Dyma ddwy:

Maes Mathew *Dyma fferm tua 460 o aceri wrth droed Moel Maesmathew, neu Foel y Menyn fel ei gelwir amlaf yn awr. Mae gennym hanes am aml i deulu fu yma. Rhyw dro roedd teulu pur annuwiol yn byw yma. Cawn eu hanes yn hela ysgyfarnogod yn y Foel neu bysgota yn Afon Erwent. Un p'nawn Sul 'roeddynt wrth yr Erwent pryd y dechreuodd a thywyllu. Daeth braw arnynt er mor anystyriol hwy, a chychwynasant adref mewn dychryn. 'Roedd yn nosi yn brysur, ac erbyn iddynt gyrraedd Llwyn Gordderw 'roedd yn berffaith dywyll, ac yn dywyll iawn ar halogwyr y Sabbath hefyd.*

Credent mai barn arnynt oedd y tywyllwch ac nid aeth yr un ohonynt i bysgota ar y Sul mwyach. Bychan wyddai'r hen greaduriaid fod atal ar yr haul.

Arferai eu cymydog, gŵr y Ffridd-ddu, fynd i Sir Amwythig i'r cynhaeaf ŷd ar ôl gorphen y cynhaeaf gwair yn Nhalybont neu Gwmtylo, ac felly gadewid y wraig a'r plant eu hunain. Daeth i feddwl un o deulu melldigedig Maes Mathew gymeryd mantais o hyn, a dyma fel y bu. Gwelai gwraig dlawd y tyddyn bychan fod brig yr ychydig ŷd oedd ganddynt yn cael ei fwyta, ac er dal sylw manwl, methai gael allan gan bwy na beth. Daeth y gŵr adref un nos Sadwrn, a ffromodd yn ddirfawr wrth ei briod am adael i'r gwartheg fwyta'r ŷd. Ond gorfod arno gymeryd ei ddarbwyllo o ddiniweidrwydd ei gymar, a phenderfynnodd gadw golwg ar y darn ŷd tra byddai gartref. Cadwodd yn y tŷ ddydd Sul, a chyda'r gwyll daeth un o ddihirod Maes Mathew i fyny hyd geunant cyfleus, gan dybied yn sicr nad oedd ganddo ond y wraig a'r plant i'w hofni. Âi ar ei liniau trwy'r ŷd gan dywys ceffyl gydag ef, yr hwn a fwynhâi'r brig yn ddigon diniwed. Ond daliwyd y lleidr y tro hwn.

Cawn hanes eto am dair o ferched o'r enw Huws, a pherthnasau i J. Huws, Ty Capel, y Parc, yn byw yma. Roedd sôn amdanynt fel rhai ag ofn dwfr arnynt. Cadwent eu hunain a'r tŷ yn aflêr a budr iawn, ond efallai fod y rhigwm canlynol yn dweud gormod:

Ym Maes y Mathew dirion
Mae tair o ferched budron
A phwt o wely bach di-lun
A chwain â phigau hirion.

Credwn mai teulu Watcyn Jones, Buarthmeini fu'n trigo yma olaf cyn gwneud y lle yn un â Chwmtylo. Rhobet a Marged Roberts, y rhai a ddaethant yma o Flaencwm uchaf oedd yr olaf i fyw yn y tŷ.

Ychydig amser yn ôl gwelwyd beudy yn yr ardal yn cael ei droi'n gartref, nid i fewnfudwyr diGymraeg, ond i deulu ifanc lleol. Wel, nid yw hynny'n hollol gywir, tŷ oedd y beudy, nes aeth y tyddyn a elwid yn **Beudy Newydd** i ganlyn fferm Pantyneuadd, felly troi'r adeilad yn ôl i'w statws gwreiddiol a wnaed.

Dyma a ddywed Dewyrth John amdano:

Dyma dyddyn bychan sydd yn awr ynglyn â Phantyneuadd. Credwn mai un o'r enw Owen Jones a fu'n amaethu'r lle ddiweddaf; aeth oddiyma i Gae'r Defaid, Rhydymain. Efe oedd tad yr O. Jones presennol ag E. Jones, Cyplau, Llanfachreth, ac hefyd John Jones sydd yn weinidog gyda'r Annibynwyr yn Ne Cymru.

Cawn hanes am un fu'n byw yma a darawyd â'r gwahanglwyf, ac er mwyn ei alltudio o fysg pobl torrwyd twll mawr iddo yng Nghae Nant; mae'n debyg y perthynai y cae hwn i Feudy Newydd. Gollyngid bwyd iddo wrth raff i'w seler ddu. Dywedir iddo farw a chael ei gladdu yn ei garchar.

Bu un o'r enw Mari Lewis yn cadw ysgol yma hefyd. 'Roedd Mari Lewis yn un o'r rhai yr oedd Charles o'r Bala yn eu cynnal yma a thraw ar hyd y wlad i gadw ysgolion dyddiol. Lled debyg yw fod Dafydd Rolant Cwmtylo wedi bod dan addysg Mari Lewis ym Meudy Newydd.

Cawn hanes am deulu yma a'r gŵr yn un pur ofer. Drwy gydol yr wythnos gweuai'r hen wraig "hosanau ungorn" i'w gwerthu yn y Bala ar y Sadwrn. Ambell dro digwyddai iddi gael ei lluddias rhag mynd i'r Bala, a rhoddid gwaith yr wythnos i'r hen ŵr, gan ei siarsio i ddod â bara adref gyda'r pres. Ond gwell gan y gŵr oedd eu gwario yn y dafarn, a phen bore Sul rhaid oedd i'r hen wraig fyned i gardota torth geirch i un o'r ffermydd cyfagos. Nid oes fawr yn fyw a'i cofia ond yn feudy.

Da gweld Alun a Dana wedi troi'r hen feudy yn ôl yn gartref clyd iddynt hwy ac Enlli, Lliwen, Gruff a Nedw. Mae sibrydion fod eraill yn cychwyn cerdded yr un llwybr. Dymuniadau gorau iddyn nhw i gyd.

I'm cenhedlaeth i dau dŷ ar fin ffordd y Parc rhyw chwarter milltir o'r A494 yn Werngoch yw **Pentrefelin**. Gwyddwn yr arferai melin fod yng nghyffiniau'r lle croesa ffordd y Llwyni Mawr yr afon Llafar. Ond ym 1926:

'Roedd yma ddau o leiaf o bennau tai, ac yr oedd ychydig dir i ganlyn y felin. Bellach mae'r pennau tai wedi eu hail-godi, a gweithwyr Gwernhefin yn byw ynddynt. Mae'r hen felin yn adfeilio'n brysur, a'r tir wedi ei rannu rhwng y ffermydd Plasmadog a Gwernhefin. Byth mwy ni thry yr olwyn fawr, ac ni ddaw trol byth â llwyth i fuarth y felin. Dywedir i dad Andrew Roberts, Trawsgoed gario pwn o flawd ceirch a dyn ar ben hwnnw o lawr y felin i'r llofft. Yma roedd Robt. Evans cyn symud i Dalybont.

Roedd y llanc o'r Trawsgoed yn un pur abl mae'n rhaid.